Jean-Yves Revault

ÉCRIRE POUR SE GUÉRIR

Les pouvoirs de l'écriture

éditions
TROIS FONTAINES

Extrait du catalogue 3 Fontaines

Du même auteur (J.-Y. Revault)
- L'imaginaire intime de la femme : fantasmes et quête de soi
- La thérapie par l'écriture : guide de développement personnel

Acide-Base, une dynamique vitale (Dr Ph.-G. Besson)

La crème Budwig, le petit déjeuner santé (Dr Philippe-Gaston Besson)

Je me sens mal, mais je ne sais pas pourquoi… ? (Dr Philippe-Gaston Besson)

Le cholestérol, mythe ou réalité ? (Christian Brun)

Votre corps réclame de l'eau : effets méconnus de la déshydratation (Dr Fereydoon Batmanghelidj)

L'ostéoporose… exactement : mythes et réalités (Dr Philip Kéros)

Vous êtes philosophe sans le savoir… ! (Thierry Aymès)

A la recherche de l'enfance perdue : écoutons notre enfant intérieur (Ursula Craemer)

Rompre les cercles vicieux relationnels (Dee Anna Parrish)

Ste-Hildegarde, la santé entre ciel et terre (Daniel Maurin)

Vivre heureux ici et maintenant : d'amour, de bonheur, de réussite (Dr Raymond Abrezol)

Catalogue gratuit sur simple demande
éditions 3 Fontaines
613, ave Charles-de-Gaulle
01330 Villars-les-Dombes

ISBN 2-909206-27-0
ISSN 1159-6074
Composition : éditions Gap
Couverture : éditions Gap / Illustration de Patrick Parfonry

Table des matières

Des mystères de l'Univers, les Dieux observaient l'Homme. Ils le voyaient à la recherche de toutes sortes de satisfactions : physiques, émotionnelles, sentimentales, intellectuelles, spirituelles parfois.

Pour séduire, conquérir, posséder.

Quand il y parvenait, il levait la tête et criait aux Dieux son bonheur. Mais cela ne durait jamais bien longtemps. A peine avait-il obtenu ce qu'il convoitait qu'il était en proie à de nouveaux désirs. Plus, plus, il lui fallait toujours plus. Encore plus beau, plus grand, plus fort, plus vite !

Les Dieux prirent peur pour l'Homme.

Ils lui envoyèrent alors le doute. Et si toute cette énergie dépensée ne conduisait nulle part ? Et si, ayant tout, je n'étais plus rien ? Des questions surgirent. L'Homme, un moment, eut peur de lui-même. Mais il ne voulut pas se connaître.

Alors il détourna son regard de lui-même et reprit sa course folle. De nouveau, il tenta de dévorer le monde. Un examen de plus, un nouvel amour, un voyage, une voiture, un enfant même… La folie le gagnait. S'emplir, s'emplir… pour ne plus sentir l'angoisse du vide en lui.

Les Dieux eurent pitié de l'Homme.

Ils orientèrent ses pas, et "par hasard",
l'Homme trouva sur son chemin... une feuille
blanche et un crayon.
Allait-il oser écrire ?

Les Dieux s'apprêtèrent à inspirer l'Homme...

Introduction

Lors des obsèques d'Itzhak Rabin, sa petite fille, la jeune Noa, a ému le monde entier en laissant parler son cœur pour dire son chagrin d'avoir perdu son grand-père. Ce n'était pas la disparition de l'homme d'État qui la bouleversait, mais celle de l'homme. Quelques mois plus tard, Noa ne pleurait plus. Pour apaiser son chagrin et guérir de sa douleur, elle avait pris la plume.

"Écrire a été pour moi une façon de gérer l'émotion ; une sorte de thérapie", déclarait-elle aux journalistes en avril 1996, lors de la sortie à Paris de son livre *Au nom du chagrin et de l'espoir.* Ce titre ne résume-t-il pas la démarche de ceux qui écrivent ? Chagrin toujours d'un vécu ancien ou récent ; espoir aussi de panser la plaie et de guérir des blessures pour renaître.

L'acte d'écrire est souvent considéré comme un acte d'auto-guérison. Nous verrons comment dans ces pages. Pour cela, nous tenterons d'abord de circonscrire la notion de guérison. Implique-t-elle nécessairement la notion de maladie ? Est-ce être malade qu'être malheureux ? Et "qui" en soi serait donc malade ? C'est d'ailleurs la question centrale de ce livre tant il est vrai qu'*il n'existe peut-être qu'une seule véritable maladie : celle de n'être pas soi-même.*

C'est peut-être parce que l'écriture nous aide à nous (re)connecter à notre authenticité qu'une sorte de guérison naturelle est possible. C'est en tout cas sur ce principe que repose la Thérapie par l'Ecriture, cette méthode originale de travail sur soi à partir de l'écriture, officialisée en 1991. Le présent ouvrage fait largement appel à l'expérience professionnelle acquise par la pratique quotidienne. Les exemples d'écritures présentés dans ces pages sont d'ailleurs issus de cette pratique. En effet, il nous semble qu'au delà des discours théoriques, rien ne saurait remplacer l'écriture directe, le vécu des uns et des autres, ces mots qui témoignent de nos maux communs, rendant compte ainsi de notre fraternité essentielle. Que les hommes et les femmes qui ont ainsi contribué à enrichir notre lecture soient ici remerciés.

Ile de Bréhat (avril 1996)

Chapitre 1

Réflexions sur la notion de guérison

Qu'est-ce que guérir ?

Comment parler de guérison par l'écriture sans s'interroger sur le terme même de guérison. Sans prétendre à l'exhaustivité ni à l'absolue pertinence, nous dirons que la guérison définit tout processus réussissant à remettre en harmonie un corps qui se caractérisait par une disharmonie de son état ou de son fonctionnement. Dans ce concept, le mot corps employé ici ne doit pas être réduit à son acception physique. Il indique toute unité cohérente caractérisée par un certain nombre de lois qui lui sont propres. C'est ainsi que nous parlons certes du corps physique, soumis aux lois physico-chimiques, mais aussi du corps émotionnel, soumis à d'autres lois, et du corps mental, lui-même régi par ses propres lois.

Lorsqu'un corps se trouve en état de disharmonie - mot-clé de notre définition - il apparaît plus ou moins rapidement des troubles repérables. Ce peut être un ulcère à l'estomac, une timidité envahissante, des phobies, etc... Nous venons en fait d'indiquer trois exemples correspondant aux trois niveaux de troubles hiérarchisés par le grand homéopathe de ce siècle que fut Léon Vannier :

- troubles lésionnels,
- troubles fonctionnels,
- troubles sensoriels.

Les troubles lésionnels expriment une atteinte anatomique de l'organe ; les troubles fonctionnels un dysfonctionnement organique et les troubles sensoriels une perturbation du psychisme et de la sensibilité.

L'écriture sera-t-elle assez puissante pour agir sur ces trois niveaux, ou au contraire, son efficacité sera-t-elle limitée ? Pour répondre à cette question, il faut se souvenir que, comme on le dit en Orient, *l'énergie suit la pensée*. Cela signifie que le trouble sensoriel précède toujours le trouble fonctionnel, lequel précède le trouble lésionnel. L'abstrait précède le concret. Ceci est capital. Notre société moderne appelle cette influence du psychisme sur le physique *psychosomatisation*, un concept maintenant connu de tous, déjà exprimé par le bons sens populaire quand il dit : "il se rend bien malade tout seul !".

"J'ai allégrement continué à prendre des kilos jusqu'à un tel dégoût de mon corps que celui-ci s'est révolté. J'avais 29 ans, une grande solitude intérieure, mais une vie extérieure riche, beaucoup de copains, d'activités... Un boulot très prenant (animatrice dans un foyer) qui me faisait avancer dans beaucoup de domaines et petit à petit prendre conscience de mon malaise. Mon corps a exprimé malgré moi ce que mon intellect et mon affectif refoulaient : vertiges, diarrhées, problèmes de vésicule biliaire. Un médecin généraliste, consulté par hasard (mais y a-t-il un hasard?) m'envoie en pleine figure, de but en blanc, par intuition, ma souffrance : malaises physiques, excès de poids, pas de vie amoureuse... Pourquoi ne pas prendre le problème en main ?

C'était le premier qui mettait des mots sur mes maux et qui m'a crue capable de m'y attaquer. Dans un premier temps, je n'y croyais pas. C'est sa conviction qui m'a décidée à essayer quelque chose, pour lui faire plaisir. Tandis que je commençais un régime sérieux, il faisait avec moi une sorte de psychothérapie sauvage, par tâtonnements. En même temps que les kilos s'envolaient, je devenais capable de réactions plus vraies.

En six mois, j'ai perdu 25 kilos et beaucoup d'illusions… J'ai pu accepter de me mettre en danger dans une relation, de prendre des risques et d'accepter des échecs. Il était temps ! Ce fut une période merveilleuse. De chenille, je devenais chrysalide, puis papillon. Certains acceptaient mal cette transformation car je ne correspondais plus à l'image de bonne grosse fille marrante et dévouée que je donnais avant."

Toute atteinte physique (trouble lésionnel) suppose une grande ancienneté de la disharmonie, préalable à son apparition. Elle sera donc plus difficile et plus longue à guérir qu'un dysfonctionnement organique qui est un trouble fonctionnel.

Une personne qui digère mal ses repas parce qu'elle déjeune dans des conditions stressantes pour elle (rappel de scènes d'enfance douloureuses par exemple) pourra prendre conscience du mécanisme en jeu par l'écriture. En décrivant ce stress, elle verra en effet apparaître spontanément (par associations d'idées), sur sa page blanche, les souvenirs révélateurs. Il lui *suffira* alors d'améliorer les conditions sociales de son repas, ou mieux, de travailler sur les scènes du passé qui sont restimulées lors de ces repas, pour retrouver rapidement une harmonie synonyme, à terme, de guérison. Mais si elle ne fait rien et que cette situation perdure des années, elle finira immanquablement par être atteinte au niveau physique (estomac, foie ou intestin). Cette atteinte lésionnelle engendrera alors des problèmes subséquents qui fragiliseront d'autant plus la personne. La cause originelle de la *maladie* se perdra de plus en plus dans les diverses manifestations d'un état troublé, et il sera bien difficile par l'écriture (ou autrement) de retrouver le fil d'Ariane conduisant au salut.

En résumé, plus le plan physique sera atteint, plus il faudra du temps pour qu'une solution apparaisse. Néanmoins, celle-ci proviendra toujours du processus suivant :

- amélioration de l'équilibre psycho-affectif,
- mise en place de nouveaux comportements plus harmonieux, vis-à-vis de soi, des autres, de l'univers,
- réparation physique naturelle.

C'est parce que l'écriture permet une remise en harmonie plus ou moins importante de l'individu avec son environnement psycho-affectif qu'elle enclenche un processus de guérison. Il est toutefois à noter que l'efficacité de l'écriture sera beaucoup plus difficile pour une personne âgée que pour une personne jeune. En effet, plus les causes initiales de dysfonctionnement agissent depuis longtemps, plus elles sont ancrées profondément en la personne, et par là même, elles sont plus difficiles à résorber.

Il faudrait ajouter qu'il existe toujours un décalage temporel entre le moment où de meilleures conditions de vie (harmonie) sont réunies et celui où leurs effets bénéfiques se font sentir. La véritable guérison suppose une sorte de rééducation. Une chose est *réparée*, en état de marche, mais il faut (ré)apprendre à s'en servir normalement. Ce processus peut être long. Il ne suffit pas de prendre conscience que l'on peut... pour que cela marche ; encore faut-il se déshabituer des anciens comportements et en créer d'autres.

Au début, c'est même douloureux. Sur le plan physique, certains muscles, pendant tant d'années de comportements erronés, ont été distendus ou

NB - Le processus de guérison que nous abordons ici s'entend dans des conditions de vie normales, c'est-à-dire sans interventions extérieures exceptionnellement nocives telles que : pollutions, accidents, empoisonnements, vie trop stressante, etc...

hyper-développés, ou au contraire, atrophiés à force de ne pas servir. Résultat ? On est moins à l'aise dans la nouvelle attitude, pourtant juste, que dans l'ancienne, pourtant fausse ! La tentation est alors grande de nier la prise de conscience de l'attitude juste pour revenir au confort de l'attitude erronée, arguant précisément de cette notion de confort pour justifier ce retour en arrière. Il faut beaucoup de courage pour maintenir une nouvelle attitude.

"Mais il y a un mécanisme que je ne parviens pas à changer en moi. Pourquoi cette croyance que si j'accepte le bonheur, il va m'arriver quelque chose de terrible, d'épouvantable ? Comme si toutes les foudres du ciel allaient s'abattre sur moi pour me punir d'avoir osé prétendre à quelque chose à quoi je n'aurai pas droit. J'ai beau me dire que le bonheur ne vient pas seulement selon les mérites, qu'il vient à tous ceux qui sont prêts à le recevoir, que c'est même un devoir élémentaire de l'accueillir, rien ne marche. Cela me fait penser au fruit défendu que l'on ose croquer ! Je ne comprends pas pourquoi je suis autant marquée par la religion."

Guérir les effets ou traiter les causes ?

Comme nous l'avons déjà suggéré précédemment, il existe schématiquement deux manières de soigner à partir du processus de dégradation possible de la santé morale ou physique, tel que l'exprime le schéma ci-contre.

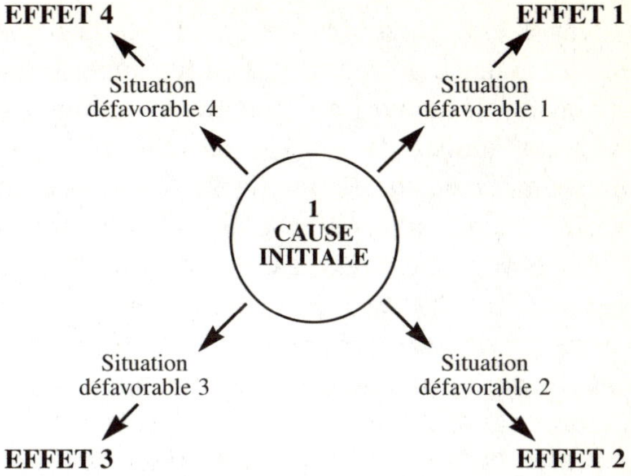

Tout part d'une cause initiale. Mais une même cause peut avoir différents effets apparents, en fonction des caractéristiques de l'individu et des situations auxquelles il est confronté.

La première manière de soigner, qui est plutôt celle de la médecine occidentale traditionnelle, s'efforce de traiter les effets apparents. Elle combat les résultats visibles et dérangeants : douleurs, angoisses, dysfonctionnements de tous genres. La seconde cherche plutôt à remonter à l'origine du mal, en tous cas à décrypter le cheminement par lequel on aboutit à tel ou tel symptôme extérieur.

Par rapport à ces deux approches, l'écriture est polyvalente. Selon les cas, elle agira sur les effets apparents ou sur les causes initiales.

L'écriture agissant sur les effets

Lorsque l'écriture porte sur un événement précis en vue de se libérer d'un trop plein émotionnel, d'une souffrance, d'une peur, d'une révolte liés à cet événement, l'individu se prend tel qu'il est, avec son malaise du moment. Peu lui importe que ce malaise soit aujourd'hui important à cause d'un événement auquel il est hypersensible en raison d'un traumatisme ancien non résolu (cause profonde réelle). L'individu souffre et il souhaite par dessus tout être soulagé de cette douleur le plus vite possible. C'est une réaction bien naturelle.

Prenons un exemple. En pleine nuit, une personne de nature inquiète se réveille et s'aperçoit que son enfant, adolescent ou adolescente, n'est pas rentré de telle ou telle fête. Interrogation... Puis le temps passe... Inquiétude... qui grandit... Puis la peur s'installe, puis... Admettons maintenant que cette peur soit disproportionnée par rapport à l'événement (le jeune en question est en bonne compagnie, à peu de distance, etc...). Pourtant, des idées d'accidents, de drames, de mort... assaillent notre personne, de plus en plus folle d'inquiétude. Elle fait les cent pas dans sa chambre, trop angoissée pour rester couchée... palpitations cardiaques, douleurs musculaires peut-être, malaise profond...

En vérité, la vraie cause de cette perturbation est moins la situation objective, qui n'a rien de bien inquiétant, qu'au travers de celle-ci, le rappel d'un vécu ancien. La personne a peut-être, étant enfant, capté et intégré les angoisses d'une mère attendant un mari inconstant, ou pratiquant des horaires incertains, ou un métier dangereux. Peu importe que ces angoisses d'alors aient été justifiées ou non, ce qui compte, c'est qu'elles aient été perçues par l'enfant et ainsi enregistrées dans son inconscient qui aura fixé pour *toujours* la relation suivante : *retard d'un être cher = danger maximum.*

Si la personne, si inquiète ce soir, se met à écrire sur cette inquiétude ponctuelle, à dire peut-être son amour pour son enfant, à écrire une sorte de prière, une supplication pour qu'il ne lui arrive rien, ou au contraire, à jeter sur le papier sa colère..., elle libérera une partie de sa tension, atténuant alors sa disharmonie intérieure. Grâce à l'écriture, elle évitera ainsi, ou au moins diminuera les effets néfastes sur sa santé que ne manqueraient pas d'engendrer, à court ou moyen terme, son inquiétude nocturne.

Toutefois, l'impact de ce type d'écriture agissant sur les effets apparents est éphémère. La prochaine fois qu'une situation identique se produira, le même type d'angoisse surgira. L'écriture spontanée et quelque peu libératrice aura aidé ponctuellement, mais n'aura rien résolu à terme. Il faudra donc écrire de nouveau ! Mais l'impact libérateur de cette écriture en quelque sorte superficielle sera moins important que la fois précédente, le sera encore moins la fois suivante, et de moins en moins... *Tout travail sur les apparences est toujours à recommencer.*

En revanche, il existe une autre forme d'écriture, agissant sur les couches profondes de la mémoire et sur les contenus inconscients, qui cherche à aborder les causes originelles de nos comportements déséquilibrés comme lors de la scène décrite ci-dessus.

L'écriture agissant sur les causes

Même si la personne (avec ou sans l'aide d'un thérapeute) prend conscience que son vécu du moment est lié à un problème ancien, qui en constitue la vraie source énergétique, elle ne peut pas pour autant échapper aux effets décrits ci-dessus. Comment se libérer de ces traumas anciens et sous-jacents à ses réactions ? Il lui faudrait entrer, par l'écriture ou autrement, dans un état émotionnel qui serait forcément douloureux - plus douloureux que l'anesthésie provoquée par l'oubli apparent. Elle le refusera en général, en vertu de la loi qui fait que nous cherchons à éviter toute souffrance. Cette loi s'applique plutôt à court terme : *nous choisissons presque toujours la non-souffrance immédiate (même si elle est cause de souffrance future), comme nous choisissons aussi presque toujours le plaisir immédiat, même s'il est cause de déplaisir futur.* En tout cas, la personne ne veut pas replonger à cœur ouvert dans son passé intime. Or, toute la question est là. Car pour se libérer de ce passé, il convient pratiquement de le revivre. Il ne s'agit pas seulement de l'évoquer avec une distance intellectuelle (du bout de la plume) en débranchant les émotions, mais bien au contraire, de rentrer dedans avec toute la force émotionnelle liée à l'origine du souvenir. Qui se souvient comment ses premiers blocages sont nés ?

"Bonjour, je m'appelle moi !... Dans ma chaise haute j'ai plein d'amis. Maman m'a donné ma girafe, mon clown, ma voiture, ma poupée, et tout et tout et

tout... Ma préférée, c'est ma poupée ! Oh ! Il y en a bien trop pour si peu de place !

Allez hop ! Je fais le ménage ! Allez la girafe, pousse-toi... et toi le clown, va-t-en, la voiture... j'en veux plus ! Mais toi poupée, je t'ai toi, pas jetée ! Hum ! J'te mords, j'te mange, c'est ma poupée, et d'une main et de l'autre, et pan ! et hop !

Oh ! a pu poupée... poupée, où es-tu ? poupée ! Quand tu es partie c'est comme la nuit Tout noir, tout noir, a pu, a pu... Maman ! Maman ! Ah ! ma maman, tu me donnes poupée ?... Mais... comment as-tu fait ? Quand tu es partie c'est comme la nuit. Tout noir, tout noir, a pu, a pu...

Mais t'es revenue, t'es une fée, maman. Allez je recommence... Et Maman va faire son tour de magie. Et hop ! la poupée... Poupée ! Poupée ! Quand tu es partie c'est comme la nuit. Tout noir, tout noir, a pu, a pu.

Maman ! Maman ! Ah ! la voilà... maman. Ah ! la voilà... poupée. Hum ! j'te mords et encore et encore. J'te serre très fort, très fort. Encore, encore. Hop, poupée jetée, tombée, cachée ? Maman ! Maman ! a pu poupée...

Mais qu'as-tu maman ? Tu te fâches ? Pourquoi ? Pourquoi tu me dis : "Bon c'est fini maintenant !" Qu'est-ce qu'est fini ? Reste avec moi... Quand tu es partie, c'est comme la nuit. Tout noir, tout noir, j'ai peur, j'ai froid, tu vas revenir ?...

"Qu'est-ce qu'il y a encore ? Pourquoi pleures-tu ? Oh ! Tu n'arrêtes pas !"

- Si Maman, si, je vais m'arrêter..."

Pour évoquer ces passés douloureux et pour s'en libérer, il existe schématiquement deux méthodes : l'écriture-témoignage et l'écriture-fiction.

L'écriture-témoignage

Il s'agit d'écrire directement sur le passé en laissant courir sous la plume les souvenirs et émotions qui y sont associés. Ecriture directe, douloureuse, encore plus efficace si elle est ensuite partagée, c'est-à-dire lue par une personne extérieure. Le témoignage permet en quelque sorte de ne plus être seul à porter le poids d'un trop lourd passé. La confession - qui suppose aussi la notion de partage - implique malheureusement la culpabilité, ce qui rend toute auto-libération difficile. Témoignage et confession ne requièrent pas de compétence particulière en écriture, mais une sorte d'abandon.

"L'école primaire était sympathique, on jouait avec des pots de peinture gouache qui sentait très bon, avec de la pâte à modeler qui puait un peu ; j'avais des copines et des copains. La vie commençait passablement bien ! Ça s'est gâté quand mes neuf ans et demi-dix ans ont sonné. Mes parents, soucieux de nous offrir une "bonne éducation", m'ont envoyée en pensionnat chez les sœurs. J'étais plutôt contente quand on l'a visité la première fois, heureuse même de vivre bientôt sous le même toit qu'un bon nombre de vierges Marie... Dommage ! La discipline : militaire ; les régimes : de faveurs ; la tendresse : le compte-goutte devait être égaré depuis belle lurette... ! Pauvre de moi. J'étais aussi pitoyable que le petit Jésus sur sa croix au fond de la chapelle encaustiquée. Mon

cœur était lourd. Ces femmes-là n'avaient-elles donc pas de cœur ? Leurs yeux étaient toujours réprobateurs, pas la moindre lueur d'affection. Quand j'ai lu un jour, quelques années plus tard, Mauriac, "Le désert de l'Amour" fut un titre qui résonnait particulièrement bien en moi. J'étais triste, déçue profondément inquiète. Dès cette première année, presque toujours seule dans mon coin, je pleurais. (J'ai bien dû prétexter la mort d'au moins vingt personnes de ma famille pour qu'on me laisse verser mes larmes tranquille...).

Derrière ces murs, ces grilles si moches, il y avait la vie, le vent caressant, les oiseaux étaient sûrement plus heureux de voler de l'autre côté... les fleurs devaient s'épanouir mille fois mieux... mon chien aussi devait s'ennuyer... Quand l'heure de la sortie sonnait, je retrouvais mon sourire, mais quand le dimanche soir, il fallait refermer la valise, c'est mon cœur qu'on remettait dans l'étau. Il fallait quitter cette atmosphère douillette, ceux que j'aimais, qui m'aimaient, pour renouer de force avec cette solitude qui me faisait le ciel toujours sombre, le jardin sans parfum et le regard de chien battu... On avait le droit d'écrire à nos parents (à condition de laisser l'enveloppe ouverte pour que ces dames coiffées puissent y mettre leur nez)."

L'écriture-fiction

Cette méthode, pratiquée par les écrivains, joue la carte du transfert sur des personnages et permet ainsi d'écrire des choses profondes sans s'impliquer directement. Le filtre de personnages-support diminue la souffrance d'une évocation trop directe.

En outre, cette méthode détient d'autres pouvoirs bénéfiques liés à la créativité réparatrice. En effet, *tout se passe comme si la réalité inventée dans la fiction s'inscrivait en nous au même titre que la réalité vécue,* au moins dans certains de ses aspects. L'effet bénéfique n'est pas immédiat, mais réel. Il se fait sentir plus ou moins rapidement, en fonction sans doute de la force et de la qualité de l'imaginaire mis en œuvre par l'écriture. Si nous réinventons une scène vécue en lui donnant une autre issue que la triste fin subie, cette réalité nouvelle vient se mélanger à l'ancienne, se superpose à elle non dans une mémoire consciente, mais en gommant certains des effets négatifs qui étaient jusqu'ici inscrits en nous. On voit tout le bénéfice que nous pouvons tirer de ce genre d'écriture.

"Le lendemain matin, il a décidé de prendre son destin en main. Résolument, il enfile son complet veston, fait craquer ses chaussures en cuir et part d'un pas vaillant affronter le monde nouveau qui s'offre à lui. Alors, il lit l'espoir dans les enseignes lumineuses et les affiches publicitaires. Charles devient un homme debout, citoyen de la ville, même si elle ne lui donne à sucer que la mamelle du travail temporaire. Au cours de ces quinze dernières années, il a compris que la violence n'invente ni le rêve ni la liberté. Il quitte sa vie de chauve-souris pour se plonger dans le moule de l'honnête homme. Gare à toi, Charles, tu vas trouver un monde fait de métal, de claviers, de vitres Securit, d'asphalte et d'hommes celluloïd. L'humanisme de

matière plastique risque d'être une lamentable hôtesse d'accueil pour un ancien criminel.

D'ailleurs, cela faisait des jours et des jours que Charles martelait le trottoir, allait se ranger dans les files de demandeurs d'emplois, emmêlant sa détresse à la suspicion et à l'incompréhension des employés d'agences. Ce matin, il s'est résolu, la rage au cœur, à aller frapper à la porte de l'association Anciens Détenus. Une femme affable le reçut et lui proposa un travail : une dame âgée cherchait un ouvrier pour changer la tapisserie de son appartement. Cela pouvait durer deux semaines environ. Charles s'empressa d'accepter ce qu'il appelait déjà une chance. Il se précipita à l'adresse indiquée et appuya sur la sonnette, tremblant d'émotion. Une vieille dame apparut, souriante, et l'invita courtoisement à entrer.

"Bonjour, Madame. Je suis venu pour le travail. Vous savez, la peinture, la tapisserie, ça me connaît, j'ai fait cela pendant dix ans".

La vieille dame sourit et ne répondit rien. Elle lui fit faire le tour des chambres et Charles commençait à s'inquiéter. Elle allait sans doute dire qu'il ne convenait pas, pas présentable, trop âgé, ou que sais-je encore ! Mais, à sa grande stupéfaction, il l'entendit lui demander d'une voix douce :

"Quand pensez-vous pouvoir commencer ?"

"Tout de suite, maintenant, Madame", bredouilla Charles interloqué.

"Plutôt demain matin. Prenons un café ce soir, ce sera mieux."

De retour à l'hôtel, allongé sur son lit, Charles sentit sa tête vibrer d'une joie nouvelle et la voix caressante de la vieille dame faisait encore frémir son cœur."

Bien sûr, il existe entre ces deux types d'écriture de nombreuses variantes. Chaque écriture libératrice se situe sur une échelle dont l'écriture-témoignage et l'écriture-fiction sont le premier et le dernier barreau. L'important est que dans tous les cas, la libération obtenue touche la source du mal-être. Elle peut ainsi générer de nombreux effets salutaires. Pour reprendre un exemple évoqué précédemment (la personne inquiète), le premier effet sera une plus grande sérénité en cas de retard de son enfant. Le second (heureux résultat du travail d'écriture en profondeur) délestera la personne de ses inquiétudes chroniques puisqu'elle sera débarrassée de sa principale source émotionnelle liée à son vécu d'enfance.

Ces deux manières d'écrire - qui concernent les effets apparents et les causes réelles - évoquent bien entendu la question de savoir par quel mécanisme psychologique un dysfonctionnement peut s'installer aussi profondément. Dans le premier cas, *on ne veut pas savoir qui l'on est vraiment et l'on ne traite que les effets apparents... quand ils sont trop dérangeants* ; dans le second cas, *on accepte, si dérangeant cela soit-il, d'aller voir derrière les apparences pour entrer dans la connaissance intime de soi.* Une autre question surgit alors et nous allons voir qu'elle est essentielle dans le processus de guérison associée à l'écriture : *accepte-t-on ce que l'on découvre de soi ?*

Maladie et acceptation de soi

Nous avons dit en introduction à cet ouvrage qu'il n'existe peut-être pas d'autre maladie que la non-acceptation de soi. Cet état serait la cause sous-jacente de tout dysfonctionnement apparent. Une telle allégation mérite des précisions.

La non-acceptation de soi est liée au regard des autres. Et le premier regard de l'autre est celui de la mère, bien avant celui du père. Le regard maternel est d'autant plus important qu'à la naissance, il n'y a pas de séparation d'identité entre la mère et son bébé (du point de vue du bébé, bien qu'il soit abusif de parler ici de point de vue). Ajoutons aussi que lorsque nous parlons de regard, nous voulons parler d'Amour. Celui-ci est présent dans les paroles, les regards, les gestes... que le petit enfant peut alors vivre. Mais s'il vient à capter une réticence, un reproche, une condamnation de sa présence..., le nouveau-né va en quelque sorte commencer à se retenir de vivre.

"Je sais depuis longtemps que j'ai mal à ma mère, que je serais quelqu'un d'autre si elle m'avait acceptée, que je somatise encore ses absences (j'ai toujours froid)."

Combien de cages thoraciques sous-développées, de timidités futures, d'appareils digestifs fragiles, d'angoisses de mort, en un mot, de difficultés physiques et psychiques qui trouvent leur véritable origine dans ces rapports insatisfaisants avec la mère ! L'impact négatif est parfois atténué par l'entourage : le père, les grands-parents, les frères et sœurs, etc...

Dans ce tableau malheureusement réaliste à des degrés divers (mais combien de mères ont vraiment bien vécu leurs grossesses et les premiers mois après la naissance, qui sont si importants ?), il ne s'agit pas de culpabiliser la mère. Il y a toujours un drame personnel derrière une incapacité à aimer pleinement son enfant. Et une histoire souvent douloureuse. Mais celle-ci risque malheureusement de se perpétuer avec cette nouvelle naissance car tout bébé ressent tellement le manque d'amour. C'est un peu comme si on lui coupait sa source énergétique vitale.

"Je pense parfois que le bébé dans les bras de sa mère est contraint de s'y abandonner. Il y va de sa survie. Mais cette contrainte devient, si sa mère peut l'aimer, un abandon consenti, accepté, jouissif, apaisant. Quelque chose se passe entre eux, un lien d'amour invisible et présent, qu'aucun mot ne saurait traduire. Bien que ma mère soit morte il y a bientôt quatre ans, c'est seulement maintenant que je le réalise. Elle me manque. Je voudrais entendre sa voix, je voudrais qu'elle respire, qu'elle marche, qu'elle voit les hirondelles, qu'elle me touche. Tu vois, j'en dis énormément de mal parce qu'elle m'a détruite, et tu peux croire que je l'ai haïe. Mais dans toute cette haine, je peux t'affirmer que j'aime ma mère à en crever. Ça peut faire rire ce genre de mots dans la bouche de quelqu'un de mon âge, mais cependant, ils sont vrais. J'ai enfin compris que ma haine pour elle est venue après l'amour, après l'amour qu'elle m'a refusé. Tu sais, je suis heureuse de ne pas avoir eu d'en-

fant car j'aurai fait comme elle. J'étais moi aussi comme dressée à ne pas aimer."

L'enfant délaissé va-t-il se laisser mourir, comme on le voit parfois ? En général, dans une sorte d'intuition instinctive, il fera au fil des mois tout ce qu'il peut pour se faire accepter par sa mère. S'il le faut, il bougera moins, ne pleurera plus, mangera plus ou moins, selon ce qu'il aura capté comme réaction favorable à ce choix, etc... En un mot, il privilégiera tout comportement par lequel il obtient un sourire supplémentaire, une parole douce, un peu plus de tendresse, toutes ces manifestations qu'il ressent comme expressions d'amour. Ce mécanisme peut même aller jusqu'à des comportements de l'enfant suscitant des violences physiques de la part de sa mère, celles-ci étant *interprétées* comme mieux que rien en quelque sorte. Ce contact tristement négatif est préféré à l'absence de contact...

La relation avec le père, qui ne représente pas la même chose pour le garçon et la fille, est aussi importante pour l'avenir de l'individu.

"*Je comprends que j'ai généralisé ma relation avec mon père à tous les hommes. Parce qu'il n'a pas su me comprendre, n'a pas su m'aimer, était incapable de s'ouvrir à mon amour pour lui, un autre homme ne le pourra pas, ne le saura pas non plus.*"

Et les blessures nées de la relation avec le père seront longues et difficiles à cicatriser.

"Mais ce n'était pas une raison pour aller parfois jusqu'au vice en m'enfermant dans ma chambre pour faire des exercices imbéciles. Qu'est ce que je me suis sentie seule, incomprise, apeurée, triste, inexistante, pleine d'ennui. J'en arrivais à être contente de mes résultats uniquement pour te faire plaisir. Je n'ai jamais été moi-même. Je me suis toujours sentie ton ombre. Rappelle-toi mes appréciations scolaires : n'a pas d'avis, trop discrète. Évidemment, tu parlais si facilement que moi, je n'osais jamais prendre la parole. Mais ça ce n'était pas important pour toi, petit chef !"

Une autre relation très destructrice est celle qui provoque chez l'enfant de la culpabilité, ce qui est malheureusement fréquent. Cette culpabilité est entretenue, voire magnifiée, par certains systèmes de valeurs et empêche les victimes de se libérer, en mettant sur tout acte libératoire l'étiquette *mal, indigne,* etc... Comment s'épanouir dans ces conditions ?

"...Maman, il me semblait que tu m'apportais tellement d'amour, tellement de toi, que je n'avais pas le droit de te décevoir. Il me semblait que quoi que je fasse pour toi, je n'en ferais jamais assez ; et cela c'est horrible à ressentir. Car on se sent enchaîné, esclave. Esclave par amour, c'est le pire de tout. On n'a même pas le droit de se révolter car alors, on se culpabilise à mort. Quand j'ai rencontré un homme, que j'ai vécu avec lui, je me suis sentie très mal vis-à-vis de toi parce que je te laissais seule. Il me semblait entendre des reproches

inaudibles. Car en fait, tu ne fais jamais de reproches. Mais c'est pire ! Aujourd'hui encore, je n'arrive pas être moi-même, comme si ta personnalité m'écrasait. Je voudrais maintenant me construire, me trouver, être moi-même, quel que soit le prix à payer. Car rien ne saurait être pire que de se renier soi-même."

Ces comportements constituent bel et bien une première forme de non-acceptation de soi. Non-acceptation physique, viscérale, pulsionnelle, puisque tout jeune déjà, l'enfant se trahit au niveau le plus profond, celui de son droit de vivre. Il aura du mal à s'en remettre. Nous devinons aisément que les comportements plus ou moins artificiels, engendrés par la trahison de soi, contiennent en germe des futures maladies, inhibitions, états de mal-être, etc...

Cette réflexion sur l'acceptation de soi nous donne peut-être au passage une piste pour comprendre pourquoi il existerait une plus grande fragilité de la femme que de l'homme. Ce n'est nullement une faiblesse naturelle : même dans des circonstances difficiles, il existe presque toujours un meilleur accueil (au fond des cœurs et des esprits) à la naissance du garçon qu'à celle de la fille. Ce comportement nous vient de loin, mais existe encore, même s'il est inconscient et non avoué. Presque tous les hommes souhaitent un garçon en premier (pour être sûr au moins d'avoir un fils !) ; quant aux femmes, il existe encore dans l'inconscient de beaucoup une sorte de fierté à donner naissance à un fils et répondre ainsi à la demande du mâle de perpétuer sa lignée. Souvenons-nous des princesses répudiées pour incapacité à enfanter une succession masculine au monarque. Cela n'est pas aussi loin que nous nous plaisons à le croire.

"Quand tu es né, j'avais deux ans et demi. Et puis tu avais un avantage désespérant : tu étais le garçon que papa attendait tant. Premier enfant : une fille. Supportable puisque c'était la première. Il y avait encore de l'espoir. Combien de fois ai-je entendu ma mère raconter ta naissance, leur joie. Un garçon ! Je ne sais pas si c'est à toi que j'en veux, mais en tout cas, j'ai appris à m'en vouloir à moi."

Sans être caricatural, on peut bien dire que les garçons reçoivent en général plus d'amour que les filles (même si celles-ci reçoivent extérieurement autant de soins bien sûr) ! D'où leur meilleure intégration dans la vie...

"Mon père a énormément marqué ma vie, et que je le veuille ou non, je ne parviens pas à me libérer de son empreinte. J'ai passé ma vie à prouver que je pouvais faire ceci ou cela. Il aurait voulu avoir des garçons, je n'étais qu'une fille. Pour gagner l'estime de mon père, je devais être la meilleure, et j'ai tout réussi sur le plan scolaire. Je réussissais tout, sauf à satisfaire mon père : "Si tu es première de ta classe, tu n'as aucun mérite, c'est que les autres sont plus bêtes que toi". J'ai eu droit à un "compliment" le jour où j'ai réussi mon bac à 17 ans : "Dommage que tu ne sois pas un garçon."

Par rapport à ces premières non-acceptations de soi qui remontent au début de la vie de chacun, nous devinons qu'il faudra creuser profondément pour rejoindre cette immense frustration de base, pour *récupérer* ces manques originels. Les textes douloureux, haletants, qui en résultent en général crieront sur la page blanche nos souffrances si lointaines et non conscientes. Nous verrons plus loin comment, par l'écriture primitive, nous pouvons tenter de nous relier à ces débuts de notre histoire.

"Est-ce dans ton ventre, est-ce dans cet antre hostile et gluant, marais inquiétant, enveloppée d'eau glacée, que j'ai débuté ma vie ? Horreur de ta chair : c'est la peau froide de la mort collée, telle une ventouse, à ma chair effrayée. Pourquoi, pourquoi est-ce là, dans ton ventre ? Répulsion, dégoût, terreur ; rage d'impuissance de ne pouvoir gommer cette écœurante gestation.

Déchirer, lacérer, arracher, extirper ce sexe creux de ton ventre haï. Et tes seins, masse flasque et pendouillante, déformation grotesque de ton corps, deux grosses bosses informes occupant tout l'espace du cou jusqu'à la taille. Horreur, fascination ; je les devinais, mais jamais, je ne les ai vu dévoilés. Comment étaient-ils ? Cela doit être étrange de voir les seins de sa mère. Ma consolation, c'est que tu ne pouvais pas allaiter tes enfants. Rien que d'imaginer les toucher, ma bouche au contact du sein, avaler ton lait, ça me donne envie de vomir. Je crois bien que si j'avais vu tes seins, j'aurais eu envie de les griffer de tous les ongles de mes deux mains. Le pire, c'est l'idée d'avaler ton lait, je crois que j'en serais morte.

Dans tes yeux bleus, je ne lis que : "C'est la loi ; on m'obéit ; on ne discute pas ; on me dit merci". Tes yeux ne distinguaient pas les enfants un à un, mais seulement une masse gélatineuse que tu modelais selon ta loi."

La non-acceptation plus ou moins importante de soi que le bébé a connu peut se poursuivre malheureusement de manière plus subtile. La petite fille obtient des mots d'amour (tu es gentille, c'est bien...) parce qu'elle est serviable et docile, qu'elle s'efforce en toutes circonstances d'être *admirable* même lorsqu'elle n'en a nulle envie personnelle. Bientôt, elle ne saura même plus de quoi elle a envie. Jusqu'au jour peut-être où l'énergie naturelle accumulée en elle explosera. Même s'ils ne peuvent pas s'exprimer librement, les besoins et envies naturels continuent néanmoins de naître au fond de la personne à tout moment, en fonction des stimuli de la vie. Ils génèrent donc en permanence une énergie : celle qui serait normalement utilisée pour leur réalisation. S'il n'y a jamais explosion libératrice, elle suscitera différents troubles et dysfonctionnements. C'est aussi cette même énergie qui *sortira* lorsque dix ou vingt ans plus tard, l'écriture mettra la personne en contact avec les scènes originelles de son blocage.

Mais même s'il y a de temps à autre libération de l'énergie pendant l'enfance, la situation n'est pas confortable. Cette libération trop subite, trop brusque, peut provoquer différents troubles (intoxication du sang, crises de foie...), ou plus souvent une colère violente, totalement disproportionnée par rapport à sa cause. Dans tous les cas, un processus pervers se mettra en place. Si la maladie de l'enfant lui vaut un surcroît d'affection, il est clair que ses *maladies* seront de plus en plus fréquentes puisque c'est ainsi qu'il obtient ce qui lui est le plus cher : le regard d'amour de l'autre.

"Le seul moment où j'avais l'impression que je ne perdais pas mon temps, c'étaient les jours où je me faisais passer pour malade, que je gardais le lit avec un bon livre et que j'avais ma mère à mon chevet qui me dorlotait."

Il est à noter que ces comportements déviés se révèlent assez vite en écriture, surtout dans le cadre d'une écriture à caractère humoristique.

"Tous les jours pendant les vacances, j'aimais voir donner à manger aux cochons. Quel bonheur de les voir crachouiller, clapoter, éclabousser autour de leur auge. Le lait blanc et crémeux débordait tout autour des vieux restes de nourriture, pommes de terre et farine. Avec mes petites bottes rouges et brillantes, je sautais à pieds joints dans cette flasque visqueuse et colorée, malodorante souvent. Ma jupe tachée se plaquait sur mes cuisses. Mon frère arrivait pour prendre le relais, et nos ébats joyeux s'entendaient jusque dans la cour. Cependant, quand le jeu prenait fin, le retour à la maison devenait difficile. J'envoyais mon frère en éclaireur et jouais alors à l'enfant malheureuse qui avait glissé. Je me tenais le genou à deux mains et pleurnichais savamment."

Tout se passe comme si le sourire sur soi-même créait un état de confiance permettant de lâcher prise et de dire enfin nos secrets. Il se peut aussi que l'énergie accumulée par la non-acceptation de soi sorte brusquement, par une colère subite notamment. Celle-ci ne sera pas comprise par l'entourage et vaudra à l'enfant de cruels reproches, des mots qui tuent en quelque sorte : *Si c'est comme ça que tu crois te faire aimer,* ou alors *c'est bien la peine, avec tous les sacrifices que l'on fait pour toi,* ou bien *tu devrais avoir honte...* L'enfant, honteux de s'être un instant écouté, rentrera alors vite dans sa carapace conventionnelle acceptée par les autres. Il se niera encore un peu plus, mourra un peu plus à sa vérité, à son authenticité, perturbant ainsi gravement la libre circulation de l'énergie en lui. Nous savons ce qu'il adviendra de cette perturbation des années plus tard.

Les exemples cités tout au long de ce livre témoignent des bienfaits de l'écriture pour se reconnecter aux souffrances passées et les expulser. C'est une première étape. Mais pour être vraiment efficace, cette expulsion doit s'accompagner des réactions émotionnelles qui ont été refoulées au moment où la personne a été trahie, violée, obligée à l'inhibition. Colère, violence, haine parfois, énorme énergie salvatrice, réparatrice, mais que nous avons tendance à retenir même en écriture tant cela fait peur, puisque se laisser aller entraîne à enfreindre un tabou énorme : le sacro-saint respect des parents. Or, il faut être clair et savoir ce que l'on veut : se libérer ou rester enfermé dans ce piège infernal tissé autour de nous et en nous par les autres et nous-mêmes.

Tout peut et doit s'écrire. Il ne s'agit pas de se complaire dans des pensées négatives, mais au contraire, d'expulser de soi cette souffrance qui est devenue énergie intérieure polluante. Il s'agit donc d'une purification. Ce n'est jamais agréable ni beau de voir sortir le mal, mais quel soulagement ! A condition d'accepter avec humilité que nous portons cela en nous, qu'il y a dans notre tête ou dans notre cœur *ces mauvaises pensées et ces horribles sentiments.* C'est ainsi et il y a de bonnes raisons qu'il en soit ainsi. Si on lui fait mal, n'importe quel animal sauvage sort les griffes ou s'enfuit loin de la source du mal. C'est le réflexe de survie. Le mal qui nous a été fait à nous, c'est de ne pas nous avoir donné l'amour auquel légitimement, vitalement, nous aspirions. *Immense souffrance qui enfin peut s'exprimer sur le papier.*

"Comme tu m'as déçu maman. Tu as voulu me détruire parce que j'étais différente de toi. Pourquoi ? Tu as voulu briser, casser mon élan, me rabaisser, m'humilier, me faire sentir que je n'étais rien, que c'était toi qui dirigeait ma vie, qui détenait la clef. Tel un dictateur inflexible, tu prenais toutes les décisions à ma place. Sans jamais me demander mon avis, m'ordonnant de me taire si jamais j'osais émettre mes opinions, mes désirs. Oui, j'avais peur de toi, oui je tremblais. Ton bonheur semblait être de dominer. Souvent aujourd'hui, lorsque je dois prendre une décision (je suis

vraiment seule à présent), je suis paralysée, tétanisée. L'interdiction est encore là. Il me faut quelqu'un pour prendre cette décision à ma place. Je me sens incapable d'agir seule. Cela me relie à toi encore aujourd'hui. Tu as gagné, semble-t-il .

J'avais tellement envie de te faire plaisir, que tu existes, que tu ne souffres pas. C'était tellement important pour toi, que j'abdiquais. Je me faisais inexistante, transparente, proie offerte, consentante à son "meurtrier", "bourreau" ? Je ne sais pas si j'étais morte, peut-être que ma mère m'aimerait tout à coup ! Par trois fois à 18 ans, je suis passée à l'acte. Loin de toi j'ai voulu mourir, disparaître, peut-être pour rejoindre ces garçons que tu as eu et qui sont morts. J'aurais voulu te connaître à ce moment-là, quand tu avais 18 ans, jeune mariée, enceinte de ton premier bébé. Je ne pourrais jamais te rendre ça, maman. Tu m'as fait mal maman. Tu n'as pas vu qui j'étais. Je t'en veux "à mort" comme on dit, de ne pas m'avoir aimée, regardée, admirée, aidée, encouragée, cajolée, comprise, protégée, défendue, tout le "travail" d'une mère."

Combien de personnes qui vivaient avec un tel passé en elles et entretenaient ainsi des rapports ambigus ou douloureux avec leurs parents, ou l'un des deux, ont pu, après cette étape très dure de l'énergie libérée, entrer enfin en une phase de réconciliation. Le vrai pardon salvateur vient après la tempête. Vouloir l'éviter à tout prix ne conduit qu'à la stérilité dans nos vies, dans nos relations affectives, et nous ne faisons finalement qu'entretenir le désamour de nous-mêmes. Pour beaucoup, la colère est ressentie comme une grande faiblesse. Mais son inhibition abusive n'est-elle pas aussi une grande tricherie avec soi-même ? Pour tout être qui inhibe sa colère, le résultat est catastrophique. Il ne conduit pas à la sagesse, mais à la dévalorisation de soi, à la frustration, au malaise physique et moral. *Car que devient une énergie qui ne peut s'exprimer ? Elle détruit de l'intérieur et empêche toute réconciliation avec soi.*

Mais qui est soi ? Nous avons vu précédemment comment, par des phénomènes de conditionnement, nous pouvons perturber et inhiber ce que nous sommes vraiment. Quels sont donc ces différents moi qui cohabitent en moi et que l'écriture peut révéler, voire libérer ?

Chapitre 2

Mieux se connaître pour mieux se guérir

Les trois êtres

Comme exposé dans les pages précédentes, tout malaise provient d'une rupture de l'individu avec lui-même. L'écriture réparatrice ne fera finalement que nous *réconcilier* plus ou moins avec notre vérité personnelle. Il est donc nécessaire de s'interroger sur ce que pourrait être cette vérité et comment elle a été perdue. Nous considérons que l'être humain est en quelque sorte un mélange de trois êtres intérieurs :

- un être essentiel,
- un être réel,
- un être apparent.

L'être essentiel

Comme son nom l'indique, cet être représente ce que nous sommes de plus ultime, notre essence. Son caractère est fondamentalement abstrait. Il s'agit d'une entité spirituelle, enfouie en quelque sorte sous l'incarnation individuelle. Chaque être essentiel serait caractérisé par son lien spécifique avec les grandes énergies cosmiques qui animent l'univers et les planètes. Toutes les grandes traditions ésotériques cherchent à définir ces énergies (les Séphiroth de la Kabbale, les Rayons de la Théosophie, etc...). Peu importe le système qui étudie et définit notre relation à ces énergies. L'important est de prendre conscience qu'en définitive, nous sommes d'abord et avant tout une *étincelle divine,* animée par un principe qui dépend des grandes forces de Vie. Il est vraisemblable que la cause la plus profonde de la souffrance humaine corresponde à la séparation de notre être essentiel. C'est ce que traduit la notion de chute originelle ou chute dans la matière.

Notre être essentiel nous est personnel (par notre *dosage unique* de grandes énergies cosmiques) et en même temps, c'est par son intermédiaire que nous sommes intégrés au Tout Universel. Il est d'ailleurs frappant de voir que tous les êtres qui se sont réalisés (c'est-à-dire dont l'évolution de conscience les rend capable de vibrer au rythme de leur être essentiel) atteignent le nirvana, la béatitude, le paradis, la sagesse suprême, etc..., en tout cas un état d'accord parfait entre soi et l'univers. Nous n'en sommes pas là !

Pour chacun de nous, l'être essentiel correspond à ce que l'on pourrait appeler le sommet de lui-même. Ce sommet n'est autre que le sommet de cette montagne que les hommes ont toujours considéré comme le but ultime du développement personnel, de la réalisation ou de l'illumination, selon la terminologie employée. Seulement, cette sorte de signature cosmique intérieure qui nous spécifie va rapidement être *brouillée*. En effet, dès sa constitution, sitôt l'union entre les deux cellules génitrices réalisée, l'œuf reçoit une multitude d'informations via l'intégration physique à la mère. Ces informations sont en rapport avec ce qu'elle vit sur les plans physique, émotionnel et mental. Elles interviennent sur le développement du fœtus, qui ne dépend alors plus seulement de l'être essentiel qui pourtant le sous-tend, mais d'éléments extérieurs qui viennent le façonner de manière *hasardeuse*.

On comprend ainsi mieux pourquoi le mode de vie, les relations, l'état d'esprit et l'état du cœur (affectivité) de la mère pendant la grossesse jouent un rôle capital pour le futur enfant. L'enfant qui naît n'est donc déjà plus l'être essentiel. Il est devenu ce que nous appelons l'être réel, marquant ainsi au travers de cette appellation son insertion dans la réalité... humaine.

Toute écriture *inspirée* nous plaçant en plus grande conformité avec notre loi intérieure la plus élevée - celle de l'être essentiel - donne un sentiment profond d'harmonie et de réalisation juste. Malgré d'éventuelles difficultés, il entraîne une légèreté d'être et une confiance intérieure qui manifestent clairement la justesse de la direction choisie. C'est le signe que s'éveille en nous notre être essentiel.

Pour passer de la coque à l'âme
Pour être au plus près du joyau
que Tu as caché sous l'écorce
Pour apprendre par corps
la Paix enfouie dedans mon cœur
Pour que le cercle s'ouvre...
J'ai besoin de Lumière

Pour que sous mes paupières écloses
la fleur du jour s'épanouisse
Pour être, au-delà de l'avoir
Pour accueillir pour recevoir
ce qui chaque instant m'est donné
Pour apprendre la liberté
J'ai besoin de Lumière

Pour découvrir qu'autour des portes
que tour à tour j'ai fait céder
le mur n'était qu'une illusion
sur laquelle l'Amour a soufflé
Pour que l'harmonie soit
J'ai besoin de Lumière

Pour que le Nouveau soit
J'ai encore et toujours besoin de Ta Lumière

Toutefois, ne nous cachons pas qu'écrire sous l'influence de son être essentiel peut être perturbant en raison des puissantes énergies qui s'expriment, ou du décalage avec ce que nous sommes habitués à vivre. Une folie apparente semble parfois animer les lignes écrites, ainsi qu'en témoigne le texte suivant.

"Je suis assise dans le jardin près d'un étang. Un druide est là, ainsi qu'un jeune homme. Je suis nue en dessous d'une cascade et j'aime bien. Je ne suis pas mouillée. Cette image est très lumineuse. Je suis calme et très sûre de moi. L'image de la cascade ne me quitte plus. Les mains sur les hanches, nue et fine, calme et solide j'embrasse le monde. Je me sens libérée. Je ne sais pas de quoi. Parfois je me sens sûre de moi comme si mon ventre-centre dirigeait tout, comme si ce n'était plus moi qui commandait mais autre chose de très calme et bienveillant, comme un panneau solaire. Je n'ose pas m'y abandonner car je sens qu'alors, j'obtiendrais tout ce que je veux et j'ai peur de ça."

L'être réel

Contrairement à l'être essentiel, fixe et inamovible dans sa constitution, l'être réel est en construction permanente, de la conception jusqu'à l'âge de cinq ou six ans. Il est l'entité vivante en expression physique qui résulte de la combinaison de l'être essentiel avec une histoire individuelle.

Dès sa conception, l'individu reçoit des informations qui proviennent de sa mère et de son environnement. Celles-ci vont influencer, infléchir, atténuer ou déformer les Grandes Énergies

Cosmiques traversant son être essentiel. Selon l'écart entre les informations reçues via la mère et l'environnement et ce dont aurait eu besoin l'être essentiel, des blocages d'énergie plus ou moins nombreux vont se produire. Chacun d'eux sera définitif et nc pourra plus jamais être *oublié*. Au fil du temps, notre corps, pour peu qu'on l'écoute, les révélera sans que pour autant, à l'aide de notre mémoire, nous puissions nous les rappeler consciemment.

Chaque blocage va jeter un voile supplémentaire sur l'être essentiel. Ainsi se constitue progressivement l'être réel. Plus les voiles sont jetés tôt, plus l'être essentiel sera difficile à révéler. Des événements aussi anciens et *cachés* seront difficiles à exprimer sur papier, sauf dans des moments d'*écriture automatique* qu'il conviendra ensuite de décrypter.

"Au milieu d'une forêt nous nous promenions. J'étais avec un maharadjah et ses serviteurs... La forêt était belle, ensoleillée, les arbres hauts, très beaux et le soleil venait y déposer ses rayons laiteux. Nous marchions sur un sentier qui traversait la forêt, quand tout à coup, je vis un oiseau extraordinaire, magnifique, aux couleurs splendides. Jamais je n'avais vu un tel oiseau. Je voulus faire partager mon émerveillement devant cette rareté et dis : "Regardez, cet oiseau, comme il est beau, comme il est splendide !" Jamais oiseau n'avait porté de si belles couleurs, quelle merveille !

Aussitôt le maharadjah donna l'ordre à ses serviteurs de capturer l'oiseau et de le mettre en cage.

"Non, non", lui dis-je," pourquoi, pourquoi, laissez-le vivre, laissez-le en liberté. Quoi de plus beau qu'un oiseau en liberté, et cette forêt semble avoir été faite pour lui. Je vous en supplie, laissez-lui la liberté". Le maharadjah, insensible à mon appel, ordonna de le capturer. "C'est un oiseau rare. Il me le faut", dit-il...

Et pour me punir d'avoir osé lui tenir un discours désapprobateur, pour avoir été contre sa volonté, il me laissa seule au milieu de la forêt. Et la nuit ne tarda pas à venir. Je n'avais rien, ni eau, ni nourriture. J'avais peur, toute seule la nuit, je me suis mise à pleurer. Quand soudain, l'oiseau fut près de moi et me dit : "Ne pleure plus, n'aie pas peur ; c'est à moi maintenant de te montrer le chemin et de te sauver..."

Ainsi, selon les cas et informations reçues, l'être réel restera plus ou moins proche de l'être essentiel. Plus cette proximité sera grande, plus les caractéristiques de l'être réel seront impressionnantes... et parfois condamnées par la société.

Si l'on peut comprendre que notre être essentiel soit enfoui très loin au fond de nous, on peut penser que tout enfant devrait se révéler au moins comme être réel. Ce n'est hélas pas le cas. Mais nous reconnaîtrons tous plus ou moins, dans les caractéristiques présentées ci-dessous, des enfants de notre entourage, voire nous-mêmes tel que nos parents ont pu nous décrire.

Une énergie débordante

Cette énergie se manifestera plus particulièrement dans un type d'activité ou dans un autre, en fonction des Grandes Énergies Cosmiques qui caractérisent l'individu. L'important sera de la retrouver un jour.

"Plusieurs fois par jour j'accomplissais ce marathon en plein mois d'août. Toutes mes questions sans réponses fondaient comme neige au soleil et mes énergies naturelles me revenaient. Cet été-là, j'ai marché des heures et des heures dans Paris. Et je communiquais cette pulsion de vie qui soudain m'animait en discutant librement avec des passants ou des touristes."

Une autonomie de décision

L'être réel a tendance à toujours faire ce qu'il veut en fonction des énergies (besoin physique, désir émotionnel, aspiration spirituelle) qui le traversent à un moment donné.

"Je me souviens que lorsque on se promenait avec mes parents, si je voyais à un carrefour une croix ou un calvaire, je m'agenouillais immédiatement pour prier, quelques fois même tout haut. Je sentais bien que cela exaspérait mes parents, surtout lorsque nous n'étions pas seuls."

Insouciance du lendemain

Les personnes encore proches de leur être réel savent vivre *ici et maintenant,* ce qui est l'un des secrets de l'économie d'énergie.

Confiance en soi

Non coupé de ses énergies fondamentales, l'être réel connaît l'immensité de ses réserves inépuisables et de ses forces de vie.

"Il me vient encore un autre exemple de mon enfance où je me suis surprise à oser me faire confiance malgré mon éducation. C'était pour la fête des mères. Je n'avais pas d'argent de poche et ce n'était pas avec les quelques pièces qu'il y avait dans ma tirelire que je pouvais acheter des fleurs pour ma mère. Alors, après avoir hésité plusieurs fois, j'ai fini par frapper à la porte d'une maison devant laquelle je passais tous les jours pour aller à l'école et qui était entourée d'une haie de roses jaunes. A la dame qui m'a ouvert, j'ai expliqué que j'avais envie d'offrir des fleurs à ma mère pour sa fête et lui ai demandé si elle pouvait m'en donner quelques-unes. Elle a accepté et je suis rentrée avec mon trophée. Mais en arrivant, ma mère m'a surtout fait promettre de ne jamais recommencer car "demander, ça ne se fait pas"."

Confiance dans les autres

L'être réel ignore la trahison. Il en fera l'expérience - et malheureusement, il la fera souvent très tôt - et apprendra ainsi la méfiance. N'oublions pas que les premières trahisons viennent souvent des parents, par ces petites promesses (anodines pour eux, mais pas pour l'enfant qui prend tout *au pied de la lettre)* qu'ils font quotidiennement et ne tiennent jamais. Qu'il s'agisse de menaces ou de récompenses, il en résulte une perte de confiance dans la parole de l'autre. L'un des efforts réparateurs de soi-même les plus importants est de tenter de retrouver le potentiel originel de confiance dans les autres, même si cela débouche parfois sur des déceptions. L'écriture peut aider dans ce domaine ; elle est l'une des vertus thérapeutiques du témoignage.

Grande activité sexuelle

Ce n'est qu'assez récemment que l'idée de la sexualité infantile a été admise dans nos sociétés. Elle est l'un des points-clé de l'inhibition de l'être réel. Pour lui, la sexualité n'est pas colorée par la morale, mais uniquement par la qualité et la puissance des énergies qui la sous-tendent. Comme dans nos sociétés, la sexualité avait été codifiée dans un sens restrictif, ce sujet débouchait sur des conflits importants. La sexualité joue en effet un rôle considérable puisqu'elle est la fonction qui nous met encore - par l'intermédiaire de la libido - en contact avec les Grandes Énergies Cosmiques. C'est donc au niveau de cette sexualité que se vivra l'un des combats intérieurs les plus difficiles (même s'il ne s'exprime pas extérieurement) entre normes et désirs.

"Vers 7 ans, j'ai découvert la masturbation. Je tombais des nues. J'étais contente, je n'avais jamais eu une sensation aussi agréable. J'avais toujours envie de me masturber quand je voyais des scènes d'amour à la télévision. Mes parents ne m'ont jamais dit qu'il ne fallait pas se masturber. Mais comme ils qualifiaient la sexualité de criminelle, je me suis dit

que la masturbation devait être pareille. Je me suis sentie coupable d'aimer quelque chose d'interdit. Parfois, je me faisais des promesses de ne plus recommencer, mais c'était plus fort que moi. Seulement, la culpabilité et la honte me tombaient dessus. Ça me rappelle les crises de boulimie (que j'ai connu avant 20 ans) : je me battais contre cette envie de bouffer, puis je cédais. Tout le temps de la crise, j'étais hyper-contente, et puis après, j'étais morte de honte. Pour me sentir lavée du crime, j'allais vomir. Après, je me sentais pure. C'était pareil pour la masturbation, sauf qu'au lieu de vomir, je me condamnais et refaisais des promesses de ne plus recommencer."

Capacité énorme d'apprentissage

L'être réel ne manifeste pas de blocage face à ce qui est nouveau. Or, c'est notre projection permanente de ce que nous connaissons sur ce qui nous est présenté qui nous empêche d'apprendre avec facilité. Dans des formes extrêmes (pas si rares), il en résulte une incapacité dangereuse à accepter toute nouveauté réelle. On peut d'ailleurs mesurer notre propre degré de *vie* ou de *mort* à notre ouverture ou fermeture à la nouveauté.

Indifférence à la mort

La destruction des formes connues (personnes, institutions ou autres biens) n'affecte pas l'être réel au sens où nous l'entendons habituellement. Pour lui, la mort est naturelle et nécessaire pour que s'expriment, dans des formes toujours plus parfaites, les immenses forces de Vie.

Aucune crainte du ridicule

L'être réel n'interprète pas sans arrêt ce qu'il vit en fonction de ses peurs ; il vit ! Authentique et respectueux de lui-même. Il ne peut donc pas être ridicule. C'est la même chose pour nous. Plus nous sommes vrais et authentiques, moins nous avons à craindre le ridicule, cette peur paralysante qui provient toujours, sous une forme ou sous une autre, d'une tentative d'être autre chose que ce que nous sommes.

Sens du don

L'être réel ne possède pas le sens de la propriété. Il veut tout... ou rien ! Il donne d'autant plus librement qu'il sait aussi recevoir. Or, n'est-ce pas cette seconde aptitude qui nous fait le plus défaut ?

Inconscience du danger

Celle-ci n'exclut pas une connaissance intuitive des limites. Quand on observe les enfants livrés à eux-mêmes, non surveillés, on constate qu'ils sont plutôt moins exposés aux accidents (sur le plan corporel) que ceux qui ont toujours été guidés (ou plus exactement surveillés).

Après ce rapide survol de ses principales caractéristiques, il est clair que nous ne sommes pas cet être réel heureux, vivant, confiant, aimant, sans honte... Il s'agit encore d'un être traversé par la Vie, manifestant une force d'être dont nous sommes bien éloignés. Depuis notre plus jeune âge, la réalité vécue a fait pleuvoir sur nous tabous, contraintes, interdits... qui ont progressivement mutilé, déformé, parfois anéanti notre être réel qui n'est plus, au fil des années, qu'un être apparent.

"Pendant longtemps, j'ai été coupé de ce que je ressentais. Je faisais les choses en fonction de ce que je croyais que l'on attendait de moi tant j'avais été conditionné par mon éducation. Ma spontanéité avait été brisée."

L'être apparent

Notre être essentiel est une synthèse unique et spécifique des Grandes Énergies Cosmiques auxquelles nous sommes soumis. Notre être réel est cette entité qui résulte de la confrontation de notre être essentiel avec notre histoire individuelle avant six ans. Notre être apparent prend si l'on peut dire le relais, bien que sa formation débute avant l'âge de six ans. Il se construit tous les jours comme compromis acceptable entre l'être réel et les systèmes de valeurs auxquels il est soumis. La recherche d'un compromis provient du besoin que nous avons de nous sentir aimés. Cette aspiration est *plus forte que nous,* quel que soit notre niveau d'évolution de conscience :

- Dans le cas de la conscience inférieure de groupe (esprit moutonnier), elle se traduit par une obéissance presque aveugle aux normes du groupe, permettant ainsi d'être accepté et aimé.

- Dans le cas de la conscience supérieure de groupe (esprit de service), elle s'exprime par une volonté lucide et choisie du respect du bien de l'ensemble, quel qu'en soit le prix individuel à payer.

- Mais dans l'intermédiaire que constitue la conscience individuelle, cette aspiration va surtout créer des conflits à l'intérieur de l'individu. En effet, aussi puissante que l'aspiration vers le sentiment d'unité (but de l'amour) existe aussi en nous l'aspiration à la satisfaction de nos désirs personnels (séparation).

En d'autres termes, notre être essentiel, mais surtout notre être réel, veulent s'exprimer et vivre. Ils le feront le plus souvent à travers de cet égoïsme si décrié qui n'est que l'une des formes d'expression de la Vie en nous. Il serait temps de considérer l'égoïsme comme un réflexe indispensable à la survie de l'être et non comme cette force honteuse d'appropriation qu'il faudrait combattre à tout prix.

"J'ai enfin compris qu'une étape d'égoïsme est un passage obligé. Le temps d'apprendre à identifier ses besoins propres. Quand on a si longtemps et systématiquement fait passer les autres avant soi, il n'est pas facile de faire la différence entre son plaisir personnel et celui des autres. Vient seulement ensuite le juste désir de partage. Quand on s'aime soi, quand on ne se laisse plus influencer par les autres, il n'est plus nécessaire de se défendre contre eux."

Par rapport à son groupe de référence - généralement le milieu social - l'être apparent, focalisé dans la conscience individuelle, est finalement écartelé entre deux opposés :

- ses désirs, pulsions, aspirations, besoins énergétiques... qui viennent du plus profond de lui-même,

- l'image *convenable* qu'il doit avoir pour mériter le droit d'évoluer librement dans le groupe.

Cet écartèlement entre notre vérité et celle que l'on nous impose (et qui nous apparaît comme la Vérité car elle vient de la toute puissance parentale ou de l'autorité) déclenche en nous une véritable lutte fratricide qui consomme beaucoup d'énergie, première source de dégradation de notre santé. Tout cela arrive en raison des systèmes de valeurs (parental, social, religieux) auxquels nous sommes soumis et dont nous ne parvenons pas à nous libérer. Ils inculquent en nous la notion de bien et de mal en rapport avec des désirs, sentiments ou idées. Cette notion est capitale à considérer, car elle est sans aucun doute le facteur déterminant qui nous place et nous maintient dans la condition de l'être apparent.

"Comment avoir confiance en moi quand je ne peux même pas être certaine de ce que je ressens. Si je manque tant d'assurance, c'est que sous couvert d'éducation, mes parents et tous ceux qui avaient autorité sur moi ont semé la confusion dans mon esprit. Le doute s'est insinué dans mon esprit. Bon ou mauvais ? Juste ou injuste ? Les adultes ont facilement tendance à redéfinir le vécu des enfants pour ne pas être dérangés dans leur convictions, pour asseoir aussi leur pouvoir. Mais comment un enfant dont la personnalité est en pleine élaboration peut-il s'y

retrouver si, lorsqu'il est en colère, on lui dit qu'il est fou ou fatigué, et qu'il reçoit des punitions qu'il sait injustes ? Nous avons été éduqués à obéir, à ne pas penser par nous-mêmes, à respecter sans poser de questions. La guérison passe toujours par la guérison des blessures de l'enfance."

Cette pression est terrible. Tout ce que nous faisons (ou aurions envie de faire sous l'impulsion de notre être réel notamment) est en permanence passé au crible de nos puissants systèmes de valeurs qui décident ce qui est bien (donc acceptable) et mal (donc inacceptable). Des milliers de souvenirs dont nous n'avons même pas conscience - simplement parce qu'ils ont un rapport de similitude ou d'opposition avec le désir considéré - sont confrontés en un instant. Certains de ces souvenirs auront tendance à autoriser le désir (celui que notre groupe de référence manifestait déjà, donc nous l'avons intégré comme bien, c'est-à-dire acceptable). D'autres au contraire ne nous évoquent (toujours inconsciemment) que des commentaires de réprobation, de moquerie ou même de grand danger.

En quelques fractions de seconde, des milliers de comparaisons et d'évaluations se font en nous lorsque notre être réel ou notre être essentiel veut exprimer un désir. En raison des contraintes que subit en permanence l'être apparent, cela se traduira par un refus ou une acceptation du désir en question. L'être apparent agit sous l'influence, à son insu, d'un système extrêmement complexe de valeurs. Nous sommes comme des marionnettes animées par des milliers de fils. Face aux mêmes circonstances, nous répétons les mêmes réactions et comportements... tant que nous n'avons pas décidé de percer nos propres secrets.

C'est bien entendu au niveau du déconditionnement de l'être apparent que l'écriture pourra être efficacement libératrice, par la pratique d'exercices visant à agir comme si nous étions sans interdit ou tabou.

"Je suis la Reine. Je suis belle et j'ai tous les pouvoirs. Alors j'arrête mon travail actuel, je reprends des études, je repars à la fac, plus sûre, plus confiante. J'ai du plaisir à y aller (avant la fac m'angoissait). Je pose des questions aux professeurs, ils me répondent, je discute avec eux. Je vais les voir après les cours, ou dès que j'ai un problème. Je suis contente de présenter mon travail aux autres étudiants. Parfois je me trompe et c'est l'occasion d'avoir des discussions passionnantes.

Je transforme l'école... les collèges et les lycées ne sont plus des lieux de bourrage de crâne, mais des lieux de développement, d'épanouissement. J'enseigne sous forme de jeux, de psychodrames, de relaxation. Je peux serrer dans mes bras et consoler des élèves qui sont fatigués, qui ont peur ou n'ont plus confiance dans les adultes, et je suis contente de le faire, contente de les voir reprendre goût à la vie...... Je raconte des blagues et les élèves rient. Je les provoque pour les faire réfléchir et abandonner certains de leurs comportements (victime-bourreau).

Je vais dans un centre de remise en forme pour évacuer ma fatigue... On me chouchoute, me soigne et je me réconcilie totalement avec mon corps, plus que maintenant où j'ai encore des ratés. Je me regarde dans la glace, me souris et me dis que je suis belle et que je m'aime. Je passe mon temps à nager, à marcher et à me dorer au soleil. Je mange comme j'aime manger : par petits morceaux, très lentement, sans horaire...

Comme je suis la Reine, j'en profite pour réaliser un film ; un film qui parle de la boulimie et de ma souffrance, et comment je m'en suis sortie. Comment aussi, grâce à la boulimie, j'ai découvert des tas de choses : le yoga, la sophrologie, le karaté, l'analyse transactionnelle etc... Je deviens une journaliste un peu spéciale ; je suis un professeur de la différence. J'aborde les gens avec facilité... je leur parle simplement, de manière très détendue, sûre et contente de moi, curieuse de connaître des choses à leur propos. Je parle en toute confiance... J'oublie le faux système de valeurs que j'avais. Je m'en crée un : je prends le meilleur de ma mère et de mon père. Je dis à tous les gens qui me sont chers que je les aime, je le leur dis plusieurs fois, chaque fois que j'en ai envie, et alors, je sens une onde de chaleur qui émane de moi et passe à eux. Je leur dis quand j'ai besoin qu'ils me serrent dans leurs bras et me consolent, et ils répondent à ma requête.

Je me sens détendue, belle et sûre de moi face aux hommes. Près d'eux, je laisse s'exprimer mes qualités : ma candeur (que ma famille m'a toujours reprochée), mon sens de l'humour, mes opinions, mes taquineries, ma joie, ma culture, mes contestations, et au fur et à mesure, ma confiance en moi se développe. Alors je joue de mon charme, j'ose être moi dans toute ma splendeur, extrêmement drôle, je pétille, je suis légère, je fascine ces hommes de toutes nationalités et je les fais se sentir chanceux et bienheureux de me connaître. Je me laisse aller à être moi..."

Les réponses de compensation

En raison des puissants systèmes de valeurs auxquels nous sommes soumis depuis l'enfance (et avant), nous avons recouvert notre être réel de *vernis acceptables* qui l'ont transformé en un être apparent. Or, les besoins et impulsions, les désirs et aspirations de l'être réel et de l'être apparent sont bien différents. Une grande part de notre mal-être provient de cette lutte intérieure non reconnue entre les deux êtres. Cette *lutte fratricide* qui se livre en nous absorbe une part de notre énergie vitale. Fatigue, découragement, perte de confiance en soi, allergies, phobies, maladies chroniques, accidents parfois, difficultés de communication et de relations, angoisses... sont les *indicateurs visibles* de nos conflits intérieurs.

Ces derniers s'expriment particulièrement lorsque nous sommes confrontés à des situations dérangeantes. Il est intéressant d'observer de près ce qui se passe alors. Les situations dérangeantes peuvent être nombreuses et variées, des plus archaïques (faim, froid, peur...) aux plus modernes (débat d'idées, jalousies subtiles...). Une situation est dite dérangeante à partir du moment où elle présente un ou plusieurs aspects qui ne s'emboîtent pas parfaitement avec nos besoins, désirs ou aspirations, ceux-ci étant plus ou moins spécifiques à chacun(e).

Ainsi, certaines situations dérangeront un groupe entier (gel tardif pour les agriculteurs, annulation d'un concert au dernier moment, maladie de la vache folle...) alors que d'autres ne dérangeront que quelques individus, ou même un seul (si son amoureux ou son amoureuse ne vient pas au rendez-vous convenu, par exemple). Notre corps, qui est confortable aux alentours de 22° C (variation légère selon l'origine géographique), sera un peu dérangé à 15°, beaucoup à 0°, et ne résistera pas longtemps à -15° sans une protection. Selon notre milieu social d'origine, notre culture familiale et notre vécu d'enfant, nous serons plus ou moins perturbés par les comportements de violence. Face à la moindre scène, certains seront émotionnellement très dérangés. D'autres au contraire ne seront pas affectés par une importante bagarre générale. Enfin, si je voue dans le secret de mon cœur une immense admiration à un poète (parce que je me sens proche de lui), je ne supporterais pas qu'on le dénigre.

Ces diverses situations auxquelles nous sommes confrontés ont un point commun : c'est que nous souhaiterions tous ne pas les vivre. Elles nous dérangent en contredisant nos besoins fondamentaux, nos désirs, nos aspirations. Mais quand une plante veut pousser et que sa croissance normale, c'est-à-dire verticale, est stoppée par un obstacle, elle ne cesse pas pour autant de pousser. Elle va se tordre, se contorsionner, se déformer éventuellement, mais elle va croître et continuer à vivre. Incapable de supprimer l'obstacle que lui impose la situation dérangeante, elle s'adaptera en intervenant sur elle-même (sinon elle mourrait). En d'autres termes, elle trouve une solution par rapport à ce dilemme que nous connaissons tous.

Situation imposée <—> Relation <—> Moi

Quand la situation imposée est dérangeante, nous avons un besoin vital de trouver une solution. 3 champs d'intervention possibles sont à notre disposition :

- intervention sur la situation dérangeante,
- intervention sur soi-même,
- intervention sur la relation qui nous unit à la situation dérangeante.

Concrètement, cela se traduit par une palette de réactions et de comportements possibles. En voici quelques-uns.

Solution n° 1 : Changer la situation dérangeante

Ma voiture est en panne. Je crie, je vocifère, je trépigne, je donne des coups de pieds dedans... j'implore Dieu qu'il fasse un miracle... En agissant ainsi, je ne fais que souhaiter un changement objectif de la situation. Mon incapacité viscérale à accepter la réalité telle qu'elle se présente est au départ une réaction normale, naturelle, sans laquelle il n'y aurait pas eu d'évolution. Les prières, les invocations... sont encore très employées de nos jours pour changer une situation qui dérange. La politique de l'autruche, qui consiste à se bander les yeux (ou à bloquer son intelligence), s'inscrit dans cette catégorie.

Qui - même le plus sage d'entre nous - ne s'est pas un soir couché en espérant plus ou moins inconsciemment que le problème survenu le jour même n'existerait plus le lendemain. Et le lendemain, on s'attendrait presque à ce que la maudite lettre ne soit plus sur le buffet, à ce que le cancer ait disparu, à ce que l'embrayage mort ne le soit plus ! Mais la réalité dérangeante est toujours là.

Solution n° 2 : Combattre la situation dérangeante

"On va voir ce que l'on va voir ! Il faudra que ça passe ou que ça casse. En tout cas, moi je ne changerai pas". Et pendant quelques minutes, quelques semaines, quelques années parfois, la personne lutte contre une situation de fait, dans un combat perdu d'avance. Pour prendre un exemple social, ce sont les canuts de Lyon, mais aussi la personne focalisée sur une disgrâce physique qu'elle refuse totalement, mais qu'elle ne réussira pas à changer (encore qu'avec la chirurgie esthétique...!). Mais c'est aussi nous, face à des parents déchirés, qui souffrons et luttons désespérément, avec nos moyens, pour établir de force, entre eux, cette paix qui nous arrangerait, qui nous rendrait heureux, mais qui est peut-être impossible sans passer par des évolutions qui ne sont pas de notre ressort.

Quand nous restons à ce stade du combat, l'aventure fait généralement mal. Nous nous épuisons dans cette lutte, et parfois même, nous devenons aigri ou injuste car l'échec répété engendre la frustration. Heureusement, ce temps du combat n'est souvent qu'une période de transition assez courte. Nous nous apercevons vite (dans une sorte de sagesse animale) que nous n'avons aucune chance.

Solution n° 3 : Fuir la situation dérangeante

La situation dérangeante est reconnue inamovible pour autant nous n'envisageons pas de changer, de nous remettre en question. Nous essayons toutefois de la modifier... sans rien modifier :

- par la politique de l'autruche (encore !),
- en s'éloignant géographiquement du lieu du problème,
- dans certains cas extrêmes, en supprimant le problème au sens propre, c'est-à-dire en tuant les personnes qui en sont responsables,
- par la fuite dans l'alcool, la drogue, la boulimie... ou autre formes d'éloignement du réel.

Toutes ces tentatives s'apparentent déjà au type de solution que nous choisirons le plus souvent et qui sera ce que nous appelons une réponse de compensation à la situation dérangeante.

Solution n° 4 : Les réponses de compensation

Le vrai but de la réponse de compensation est toujours de ne pas changer, ou de changer le moins possible. Elle constitue une forme de réponse qui fait que la situation dérangeante est perçue autrement, moins dérangeante en quelque sorte, grâce à un comportement qui nous fait obtenir des compensations.

"Mon mari est peu délicat et je ne peux le changer ? Mais au bout d'un certain temps je découvre qu'il change d'attitude quand... je suis malade !

Quand j'ai une vraie fièvre ou d'autres symptômes bien objectifs, bien indubitables, il va me dorloter et j'aime ça. Alors je vais me débrouiller, plus ou moins inconsciemment, pour être malade... même si cela me dérange réellement..."

"J'ai moins de succès auprès des femmes que je ne le voudrais ! Alors je commence à développer une stratégie de mépris - toutes des salopes - pour justifier ma situation frustrante."

Combien de phrases méprisantes ainsi lancées par les hommes ne sont en fait que de tristes vengeances et des aveux naïfs de leurs échecs et de leurs peurs.

"L'origine sociale de mes parents me dérange par rapport au milieu dans lequel j'évolue maintenant, alors je vais peut-être : les ignorer ; les choyer à l'extrême (provocation par rapport à mon nouveau milieu) ; mettre en valeur le chemin que j'ai parcouru ("je me suis fait tout seul") pour renforcer mon mérite, pour tirer au moins un avantage de la situation, etc..."

Mais dans ces situations dérangeantes que nous rencontrons sur notre chemin, de quels besoins, de quels désirs, de quelles aspirations s'agit-il ? Sont-ils ceux de notre être réel ou de notre être apparent conditionné ? Notre être réel peut en effet ne pas être dérangé par une situation, alors que notre être apparent l'est complètement (en raison des normes, des tabous...).

Il est toujours possible de débusquer par l'écriture ces mécanismes mis en place par notre être apparent pour nous permettre d'affronter les situations dérangeantes de notre vie, sans remettre en question nos systèmes de valeurs. Nos réponses de compensation seront alors vite repérées, par contraste en quelque sorte, si nous nous laissons aller à écrire librement la solution idéale - qui nous vient du fond du cœur - à une situation dérangeante.

En général, nous étouffons cette réponse dans l'œuf car elle est conflictuelle avec nos valeurs habituelles. Mais si, par l'écriture, nous nous obligeons à simuler la libération, nous voyons apparaître sur notre page blanche des idées, des solutions, des suggestions qui, certes, nous bousculent, mais que nous sentons vraies pour nous. Nous sommes là au cœur même de la démarche de guérison par l'écriture. Aurons-nous le courage de les mettre en place ? C'est une autre question ! L'important est que l'écriture nous aide à prendre conscience des désirs et besoins de notre être réel en nous.

"J'ai un souvenir net du passage de l'insouciance à la "souciance" de mon handicap. Je me suis dit: "ça ne sera plus jamais pareil", sans doute parce qu'avant d'en avoir conscience, je vivais bien ma différence. Ça doit correspondre à mon entrée en maternelle, à 4 ans. J'ai dû gérer les regards, les questions, les mises à l'écart, les préjugés, les idées toutes faites sur "la différence" : Pas de gymnastique à l'école, pas de promenade en forêt, on avait peur que cela me fatigue, on se sentait responsable à ma place alors

que j'étais responsable de mon corps et je connaissais ses limites.

Les comportements pour me préserver furent toujours "faire mine de rien", et surtout cacher ma main dans la manche, ou dans la poche, ou, sur les photos, la cacher avec l'autre main ! Jusqu'au jour où j'en ai eu marre, alors je l'ai brandie comme un glaive et même je la montrais bien pour provoquer le regard, les questions, et y répondre. Tantôt sincèrement, tantôt avec dérision. Je l'ai vraiment aimée cette main le jour où l'on m'a dit qu'on pouvait l'opérer en enlevant mes doigts pour mettre des prothèses ! Alors là, renversement de situation. Merde ! que je me suis dit, pourquoi tu veux la changer, seulement par souci esthétique, pour ne plus avoir à supporter les regards, les questions, mais ça ne sera plus la même, plus la tienne dans la glace. Gros dilemme. J'ai eu peur de perdre ma main comme on perd un amour, une mère, un père, un être cher. Alors, je l'ai gardée !

J'en pleure encore de joie secrètement. Et pourtant, à cause d'elle, que de déboires devant les gens qui ne l'aiment pas ! Quand je repense à tout le boulot que j'ai dû faire pour pouvoir me mettre en maillot de bain sur la plage... Quand est-ce que les "normaux" se mettront dans la tête que j'aime la vie, ma peau, le soleil, l'eau, les baisers, les caresses, tout, vous dis-je. Je puis dire que je me suis adaptée, puis désadaptée, puis "reconnue" telle que je suis réellement, sincèrement, même si je galère encore. Je défends mes désirs, mes envies, MOI. Avec mon compagnon, c'est un deuxième combat pour apprendre à vivre, à respecter, à voir la réalité en face, dire oui quand je veux dire oui, dire non quand je veux dire non. J'apprends à être moi, j'apprends aussi que l'autre a le droit d'être lui. Une Vraie Révolution intérieure, mais joyeuse, enthousiaste, confiante, sereine. J'aime la vie parce qu'enfin, je vis."

Lucidité et respect de soi

Le travail d'écriture évoqué et visant à nous faire découvrir nos réponses de compensation ouvre une perspective intéressante en terme de santé. Notre lucidité d'écriture nous permet en effet de découvrir les désirs et besoins de notre être réel (notre vrai moi en quelque sorte). Même si nous ne parvenons pas tout de suite à vivre conformément à ses besoins, en prendre conscience permet de nous reconnecter à lui et de bénéficier, au moins partiellement, de son énergie. Celle-ci est importante car toute une partie de l'énergie de notre être essentiel, qui ne peut *descendre* jusqu'à l'être apparent, est encore présente en l'être réel. Dès lors que nous choisissons l'option être réel, nous sommes souvent comme protégés, en tout cas animés d'une énergie nouvelle, simplement parce que nous sommes authentiques et vrais. Un peu comme lorsque nous croyons totalement ce que nous disons, nous sommes *naturellement* plus convaincants et persuasifs que lorsque nos mots ne sont que calcul. Même si nous n'agissons pas encore de manière vraiment nouvelle - car il y a un trop grand décalage entre la réponse proposée par l'être réel et celle souhaitée par l'être apparent - le fait d'écrire la réponse de l'être réel nous influence très positivement. C'est ce type de réponse qui l'emporte progressivement. Une énergie nouvelle circule alors en nous et elle est guérisseuse pour deux raisons :

- Etant une énergie de Vie, elle rétablit en nous la bonne vibration et nous met en contact avec nos forces spirituelles, et par là même avec les forces réparatrices inhérentes à l'être essentiel.

- Le fait d'agir conformément à notre vérité est un acte d'amour et de confiance en soi, clé suprême pour être bien dans sa peau et faire disparaître bon nombre des difficultés qui ne sont, en fait, que des conséquences de fausses réponses mises en place par notre être apparent.

Bien entendu, ce travail d'*écriture honnête* passe par des prises de conscience parfois douloureuses.

"Cela me fait penser à une soirée où je ne me suis pas respectée car je n'ai pas su dire non..... Cet homme, plus tard, m'a proposé une ballade dans la ville illuminée, c'était beau. Et la jeune "oie blanche" que j'étais s'est laissée prendre au piège. Ma tête avait encore, lors de caresses plus osées, des moments de lucidité. Attention, tout va trop vite, trop loin... rentre à la maison. Mais le piège s'est refermé. Je me croyais amoureuse, seulement lui avait juste envie de s'offrir C. Prendre du plaisir, son plaisir. Malgré tout le dégoût que la situation me causait, je n'ai rien dit. Les larmes qui coulaient sur mes joues, la honte d'être là, allongée sur un coussin dans la montée de l'escalier, en train de vulgairement me faire sauter. Le dégoût m'envahissait et je n'avais qu'une hâte, que ça

finisse au plus vite. Je me suis reniée, salie. Je me sens coupable."

Mais comment se respecter sans avoir appris à croire en soi ? C'est malheureusement un scénario destructeur trop souvent mis en place, comme l'exprime bien le passage ci-dessous.

"Il est difficile de se respecter soi-même. On ne m'avait pas appris cela, mais au contraire, toutes les compromissions possibles pour obtenir ce que je voulais malgré les interdits. J'étais mal et me sentais coupable. J'essaie maintenant de me respecter moi-même. Je n'ai pas l'habitude. Je ne sais même pas qui je suis, car j'ai passé une bonne partie de mon existence à vouloir plaire aux autres, à vouloir entrer dans l'image qu'ils avaient de moi. Alors je ne sais même pas ce qui me fait envie. Je suis hésitante et je finis par ne rien faire du tout."

Sans atteindre cet extrême, ne connaissons-nous pas, ou n'avons-nous pas connu, ce manque de respect de nous-mêmes ? C'est pourtant par la (re-)connection avec sa propre authenticité (être réel) que le processus de guérison que nous allons étudier maintenant pourra se mettre en place.

Chapitre 3

Processus de guérison par l'écriture

L'écriture libératrice

Nous avons vu que la guérison, ou ce que nous préférons nommer un état de bonne circulation de l'énergie, passe par le déconditionnement de l'être apparent, au profit d'une renaissance de l'être réel. Ce déconditionnement ne peut se faire sans une libération des émotions attachées à tout ce qui a contribué - petits ou grands événements - à bloquer notre énergie d'être réel et à nous emmurer vivant dans la carapace de l'être apparent.

Trois outils permettent de se libérer de ces empreintes : *l'acte, la parole et l'écrit.* Il est instructif de comparer ces trois moyens à partir de quatre critères : la puissance libératoire, l'utilisation symbolique, la possibilité d'analyse à froid, et enfin, l'inoffensivité du moyen pour soi et pour les autres.

La puissance libératoire

Elle correspond à la capacité qu'a le moyen choisi (acte, parole, écrit) de créer un état susceptible de faire tomber les barrières conscientes. Les émotions originelles peuvent alors remonter à la surface et ainsi être vues, retraversées, évacuées. L'écrit remplit parfaitement cette fonction libératrice, car *si nous nous laissons écrire,* une foule de petits souvenirs *oubliés* afflueront. Et même s'ils paraissent anodins, ce sont eux qui constituent le ciment de notre blocage.

"... Je me suis faite gronder par Maman qui t'a raconté mon "exploit". J'ai reçu une bonne fessée avec le martinet car j'aurais pu mettre le feu à la maison à cause du poële à bois. Puis tu as prononcé la sentence : "tu seras punie à Noël". Nos grands parents nous gâtaient à Noël. J'avais reçu cette année-là une poupée Bella, ma première poupée qui disait Maman. Au bout de cinq minutes, tu es venue vers moi et tu m'as dit : "Tu te souviens, tu es punie pour le poële. Je te rendrai ton cadeau quand tu auras été sage". Et tu m'as tout pris. Je suis restée les mains vides... J'en pleure encore aujourd'hui en l'écrivant tellement ça m'a fait mal dedans. C'était comme si on m'avait arraché l'intérieur du ventre. J'avais six ans.

Tu m'as rendu mes cadeaux le 13 février pour mon anniversaire, triomphant, en me disant que tu espérais que je me souviendrais de la leçon. Oui je m'en suis souvenue. Je n'ai jamais joué avec des jouets, au grand étonnement de Maman qui n'a jamais compris que je les haïssais autant que toi."

L'utilisation symbolique

Dans la plupart des cas, il n'est pas question de se libérer directement en face des personnes impliquées dans nos traumatismes, parce qu'elles sont soit mortes, soit elles ne supporteraient pas l'énergie que nous leur enverrions. Elles se sentiraient agressées et par conséquent, se rebelleraient, ou bien nous diraient que notre mémoire défaille, etc... Cette confrontation directe ne déboucherait finalement sur aucune libération réelle et provoquerait même une aggravation de la situation initiale. Alors que faire ?

Pour se libérer du passé, l'outil utilisé doit avoir une réelle capacité à faire vibrer notre imaginaire. Au point qu'en quelque sorte, nous ayons l'impression de revivre la scène initiale. Ainsi, nos cellules enregistrent une autre issue à la scène que nous retraversons. Pour cela, il est nécessaire qu'après avoir jeté en vrac les mots sur le papier, nous les réécrivions sous une forme quasi incantatoire. L'écrit efface alors le passé et redevient magie.

"R., mon frère aîné de 12 ans, mon parrain, je porte encore dans mon corps et mon esprit la trace de ton jeu d'adolescent. Tu ne pensais qu'à te faire du bien, mais sais-tu quel est le prix de cet acte

maudit ? Moi, je les revois tout le temps tes jeux d'adolescent. Je t'admirais, je t'aimais, moi la plus jeune de la famille. Tu me taquinais. Peut-être étais-je fière de cette complicité entre nous. Mais tu as abusé de ta force d'aîné. Pourquoi tu as fait cela? Moi j'étais muette. Tu m'as menacé : "tu dis rien à Maman". Jamais je n'aurai osé dire à Maman ce qui m'arrivait dans le champ de maïs avec mon frère R. qui me déculottait, qui se déculottait. J'étais allongé sur le dos. La terre était dure et j'attendais que ça se passe, que ce jeu auquel je ne comprenais rien cesse.

R., j'ai vécu des années avec ce souvenir. Je n'en parlais à personne. Je veux que tous mes mots écrits aujourd'hui se transforment en images pour te les envoyer en pleine face. Ton sexe, ton organe génital, il fallait le contrôler, le censurer ou te masturber si c'était pour toi vital !

R., je te dis aujourd'hui, en face, les yeux dans les yeux, que je suis révoltée par ce souvenir. Je te rends cette violence que tu m'as faite durant mon enfance. Comment as-tu osé me salir, m'avilir, me meurtrir, me flétrir dans mon corps ? Agression, humiliation…

R., c'est comme un film qui se déroule sans cesse dans ma tête. Je te rends ce tournage. Tu en es le réalisateur. Porte seul ton œuvre. R., je suis lasse de voir ces images dégueulasses. Retour à l'expéditeur, que ce film meurt !"

L'analyse à froid

S'il est efficace, l'outil de libération (acte, écrit, parole) crée une sorte d'état second qui fait remonter à la surface tout ce qui était oublié, mais qui faisait son travail destructeur dans l'ombre. Il s'agit ensuite de regarder de près ce qui ainsi a émergé de nos profondeurs. Ce travail en deux temps permet de prendre conscience de nos souvenirs enfouis et de pouvoir ainsi les trier. C'est comme un nettoyage de fond dans une maison habitée par nous depuis si longtemps que nous ne savons plus tout ce qu'elle recèle. Elle contient tant de choses inutiles, stériles, encombrantes que nous n'avons même plus de place pour y vivre et respirer. Alors nous vidons la cave, le grenier, les tiroirs... Je garde ceci, je jette cela... Évidemment, beaucoup de choses en nous sont ainsi remuées et impliquent quelques *morts symboliques.* Mais au bout du compte, c'est la Vie qui est gagnante !

Appliquée avec méthode, la Thérapie par l'Ecriture permet d'effectuer ce genre de tri et c'est sans doute l'un de ses plus grands mérites.

"Après avoir écrit ce que j'avais écrit sur Hélène, je ne pouvais pas ne pas m'interroger sur ce qui pouvait générer en moi une telle colère sourde et même destructrice. Pourquoi cet enfant de 3 ans me causait-il tant de dérangements intérieurs ? J'ai lu encore et relu ce que j'avais écrit, et j'ai fini par comprendre ce que je n'avais pas encore osé regardé en face, mais que mes mots pourtant criaient. La réponse a brusquement jailli du fond de moi, terrible, coupante, cinglante, pour moi qui suis une femme."

L'inoffensivité pour soi et pour les autres

Lorsque le *nettoyage du passé* nous remet en contact direct avec les blessures anciennes - et il ne saurait en être autrement - il fait surgir des sentiments très puissants qui sont parfois proches de la haine. Il convient donc d'être très prudent quant à la façon de vivre la libération possible. Les paroles, trop spontanées en quelque sorte, pourraient entraîner trop loin la personne et la faire *disjoncter.* Les actes qui s'ensuivraient risqueraient d'être libérateurs d'une manière tellement radicale qu'il vaut mieux s'abstenir. Reste l'écriture...

"Je te déteste mère. Je te déteste de m'avoir fait supporter tes croyances, tes limitations. Je ne veux plus te voir. J'ai déjà failli mourir étouffée à 8 mois. Je comprends pourquoi. Tu es étouffante. Ton faux amour est étouffant. Je te déteste pour ce que tu as fait de moi. Je te déteste surtout parce que je n'arrive pas à me débarrasser de cette peau qui n'est pas la mienne. Je te déteste pour me couper sans arrêt les ailes. Tu crois toujours avoir raison et que tes idées sont les meilleures. Je ne veux plus partager tes idées stupides, tes limitations ignorantes qui me font tant souffrir, qui me donnent l'impression que je suis déjà morte. Pourquoi est-ce que je n'arrive pas à me débarrasser de toi ?"

Le tableau ci-dessous nous paraît refléter assez justement, par rapport aux quatre critères considérés, les performances des trois outils de libération dont nous disposons : l'acte, la parole, l'écrit.

POTENTIEL DE LIBÉRATION			
Critères	ACTE	ECRIT	PAROLE
Puissance	++++	++++	++
Inoffensivité pour soi et pour les autres	+	+++	+
Possibilité d'analyse à froid	+	++++	++
Utilisation symbolique	++	++++	+

Pour que ses performances potentielles soient pleinement réalisées, l'écrit requiert deux conditions. L'une précède l'écriture elle-même, l'autre la suit.

Le lâcher-prise

Nous avons souligné que l'état second provoqué par l'écriture permet la manifestation de tout ce qui est au-delà des barrières conscientes. Mais si la peur de l'écrit l'emporte sur l'envie de libération, rien d'important ne se passera, et bien entendu, aucune libération ne sera possible. *Il convient donc d'oser se laisser aller.* Pour cela, il faut d'abord se mettre en condition favorable à l'écriture : se détendre, s'assurer de ne pas être dérangé pendant au moins une heure ou deux, disposer d'un crayon qui ne tombe pas en panne (ce détail peut paraître anodin, mais les moments d'état seconds sont fragiles et il suffit de peu de choses pour rompre le charme). Enfin, un pacte sera conclu avec soi-même pour s'autoriser par avance à tout laisser venir. Ce lâcher-prise est indispensable et constitue déjà un acte réparateur de nous-mêmes car il suppose une foi en nous. Acte d'amour de soi qui nous réconcilie déjà avec notre être réel.

"Je n'aimais pas faire les courses avec maman lorsqu'elle était saoule. Car dans la rue, tout le monde nous regardait, maman, mes frères et sœurs et moi. Certains avec de la pitié dans leur regard, d'autres se moquaient ouvertement de nous ou riaient sur notre passage. J'avais très honte, si j'avais pu me cacher dans un trou de souris, je l'aurai fait. Ce que je faisais dans ces moments-là, je me mettais à discuter avec Maman de tout et de rien, je la faisais rire. Je pensais qu'ainsi je trompais les gens. Je me comportais comme si de rien n'était. J'ai passé mon temps à mentir, à faire semblant que l'on était une famille normale.

Jusqu'ici, je n'avais jamais raconté à personne tout ce qui s'est vraiment passé à la maison. J'avais tellement honte. Mais aujourd'hui, je veux m'en libérer."

Le partage de ses écrits

Nous craignons tous, toujours, le jugement des autres, même lorsque nous n'en sommes pas conscients. Cette crainte est peut-être à l'origine de tous nos maux puisqu'en définitive, pour être accepté par les autres, nous finissons par nous trahir. Se confier à quelqu'un nous est tellement bénéfique... lorsque nous sommes sûrs d'être vraiment entendus !

Une grande part de notre souffrance vient du fait que nous enfermons en nous nos lourds secrets.

Amener ceux-ci en plein jour et les regarder en face est notre premier acte de courage, préparateur de la libération future. Il est pourtant difficile d'évacuer cela tout seul. Il nous manque l'acceptation bienveillante (pour ne pas dire aimante) de l'autre, son regard fraternel.

En dehors de la Thérapie par l'Ecriture qui implique nécessairement le partage des écrits, il est utile de faire lire nos confidences à une personne qui jouera ainsi le rôle symbolique de l'autre. Sa lecture s'apparentera à une acceptation vraie de ce que nous sommes. Elle devient alors le sésame magique qui ouvre la porte de notre prison intérieure et nous libère de nos fardeaux secrets.

"Tout a commencé par une idée simple : écrire à ma sœur décédée en décembre 1987 pour me libérer de sa domination qui persistait. Cette envie a duré environ dix jours. Je voulais le faire tout en pensant que je n'étais pas prête. J'y pensais tous les jours. Un soir, j'ai pris mon papier à lettre et je lui ai écrit trois pages sans m'arrêter et sans me relire. Je suis allée au lit tard, mais apaisée. Le matin, j'ai mis les feuilles dans une enveloppe, puis j'ai posté ce courrier (sans adresse). Depuis, je pense avoir fait le deuil de ma sœur.

Suite à cette expérience, je suis sûre que je peux écrire pour me libérer, même si j'ai un mauvais français et une orthographe approximative. Mais j'ai besoin d'un regard extérieur pour ne pas me perdre. Ainsi, pour la lettre à ma sœur, j'ai un grand regret : personne ne l'a lue. Cela me manque."

Se libérer du passé

Tout dysfonctionnement entraînant une perturbation de la santé résulte toujours de certaines *erreurs* liées à notre passé. Nous entendons par erreur tout événement survenu dans notre vie qui n'est pas favorable à l'épanouissement de l'être réel. Certaines erreurs sont de notre fait ; d'autres nous ont été imposées.

Les erreurs subies

Elles proviennent en général des êtres qui nous entouraient, qu'ils soient de notre famille (parents, frères ou sœurs...) ou de notre milieu social (voisins, camarades, éducateurs divers...). Ces erreurs qui nous ont fait souffrir, créant parfois en nous de véritables traumatismes, sont rarement commises consciemment par nos *tortionnaires.* Il n'empêche qu'elles s'inscrivent très profondément au cœur de chacun (être réel). Elles perturbent la libre circulation de l'énergie vitale et finissent tôt ou tard - si rien dans la vie ne vient les annuler - par provoquer en nous un dysfonctionnement physique ou moral.

"B.C. et C.A., lisez bien ce qui suit. Je vous accuse de m'avoir torturée mentalement, d'avoir éteint en moi la vie et créé la nuit, d'avoir piétiné mon estime personnelle, de m'avoir violemment défigurée en m'affligeant d'un surnom stupide "Chopine", d'avoir ancré en moi l'idée de ma laideur, de m'avoir mise au désespoir, au point de vouloir disparaître sous terre. En me disant que mon menton était si long, vous m'avez à jamais fait perdre le sourire car c'est en sou-

riant que mon menton devient long, pointu, triangulaire, avançant vers l'avant. A cause de vous, stupides mecquetons de quatorze ans, je suis mal dans ma peau, obsédée par mon profil avec ce menton tordu, tel le vilain petit canard du conte d'Andersen. Vous avez vu ma faiblesse, ma fragilité. J'étais sans défense. Moi, l'adolescente hésitante qui cherchait sa voie en tâtonnant, je vous ai haï pour toutes ces paroles affreuses que vous m'avez dites, que je méritais le premier rôle dans le film "la Planète des Singes". Vous avez détruit ma personnalité avant qu'elle ne soit née. Que vous receviez cette lettre tel un boomerang en plein menton, vous qui avez tant ri du mien !"

L'écriture libératrice est difficile à mettre en œuvre car elle comporte souvent un aspect de règlement de compte. Elle peut se faire sous forme romancée, et certains ouvrages célèbres d'Hervé Bazin, écrits au départ pour se libérer d'une mère destructrice, sont de ce point de vue d'admirables exemples. L'écrit peut aussi se faire sous forme de lettre symbolique, comme celle présentée ci-dessus. Nous reviendrons sur cette notion dans le dernier chapitre de l'ouvrage.

L'un des freins à l'écriture libératrice est une certaine mauvaise conscience liée à la violence de l'attaque que l'on pressent si nous laissons *les vannes s'ouvrir.* Cette peur est encore plus évidente lorsqu'il s'agit de régler des comptes avec un parent, en raison du sacro-saint respect dû à l'autorité en général et aux parents en particulier. Mais soyons clair : aucune écriture ne sera libératrice si nous nous retenons, si nous ne comprenons pas que ce sacro-saint respect est une illusion destinée à nous conditionner en être apparent, à nous couper de notre vérité d'être réel. *Le respect dû aux parents n'est pas un droit conféré par leur statut de parent, mais une récompense qui devrait naître de leur comportement exemplaire.*

Sans aucun doute, le père et la mère ont des excuses par rapport à leur comportement à notre égard. Peut-être ont-ils été eux-mêmes victimes d'une éducation faussée, destructrice, d'un manque d'amour, de tel ou tel traumatisme. Mais faut-il, au nom de ce que l'on comprend avec la tête, accepter l'inacceptable, s'interdire la réaction naturelle consistant à en vouloir à ceux qui nous font souffrir ? S'empêcher de vivre cette réaction normale est une trahison de soi que l'on paie toujours cher !

"Et puis il y a eu 1990, l'impuissance de ma mère face à ma dépression. Là je suis entrée en conflit avec elle. Je lui en voulais de ne jamais exprimer un peu d'amour confiant à mon égard. A ce moment-là, je lui ai envoyé plein de choses en pleine figure. Là je l'ai faite tomber de son piédestal une bonne fois pour toutes. J'étais mal et je voulais qu'elle le sache. Je l'en rendais en partie responsable. Le pus s'est écoulé de l'abcès qui s'en est trouvé assaini. La plaie s'est refermée. Aujourd'hui il ne reste qu'une cicatrice qui s'estompe de plus en plus avec le temps."

En outre, s'interdire d'en vouloir n'est pas synonyme de pardon ! *Le vrai pardon vient toujours après la tempête.* Et souvent, la tempête s'appelle colère. Tant que les énergies qui auraient dû *normalement* jaillir au moment même où la scène douloureuse et traumatisante a eu lieu seront gardées à l'intérieur, la cause profonde de notre dysfonctionnement actuel sera toujours là et pourra continuer tranquillement son œuvre destructrice et fragilisante en nous. Osons sortir de ce pseudo-respect qui n'est, au fond, que la peur d'oser être. Ecrivons enfin ce qui rend ce passé si lourd, si indigeste et si étouffant que souvent, la seule solution que nous trouvons pour le supporter est une fuite en avant, vers une vie de plus en plus artificielle, fondée notamment sur la consommation. *Avoir plutôt que d'être !*

Les erreurs dont nous sommes responsables

Eh oui, tout ne dépend pas forcément des autres ! Mais nous n'aimons guère revenir en arrière lorsque nous nous sentons *coupables* de certains comportements. Seulement, cet acte ou ce comportement dont nous nous croyons coupables existe bien et nous empoisonne inconsciemment la vie (le choix du verbe empoisonner n'est évidemment pas un hasard). En adoptant une attitude de fuite (certains nient carrément toute responsabilité), nous commettons un acte auto-destructeur car, sans le savoir, nous créons un état de désamour avec nous-mêmes. Et cette attitude vient renforcer notre croyance qu'il nous faudrait être parfait pour *mériter* d'être aimés. Comme nous ne le sommes pas, nous nous acceptons difficilement, parfois pas du tout, ou alors au prix de prouesses, de challenges réussis et de sacrifices permanents. Il en résulte un non-amour de soi qui entraîne auto-dévalorisation, perte de confiance en soi, etc...

"J'étais dans la salle à manger chez mes parents lorsque notre tourterelle avait quitté sa cage et volait dans la maison. A un moment, elle volait très bas et j'ai cru qu'elle allait me heurter. J'ai alors baissé brusquement la tête et ma bouche a cogné le bord de la table de la salle à manger. Une dent de devant s'est cassée. Outre la douleur, il m'a fallu supporter les réprimandes de mon père (mais je les comprends facilement, c'était sa peur et sa colère de voir que j'avais cassé une dent tout à fait saine). *

Pendant un mois, j'ai eu une dent en moins, puis ensuite une dent sur pivot à la place, mais ce n'était plus ma dent. Je revis, trente cinq ans après, toujours cet incident de manière très douloureuse. Ce qui pour certains serait très anecdotique a engendré en moi une sorte d'impression, j'allais dire de castration, le terme est impropre, mais il traduit bien ce que je ressens. Je me suis senti diminué, et j'ai évité de sourire pour ne pas montrer aux autres que mes dents n'étaient plus parfaites. Toujours cette idée de ne pas montrer aux autres ce qui dérange mon idée de la perfection."

En parlant de responsabilité, le plus grave n'est peut-être pas tant ce que nous avons fait que notre refus de le regarder en face, pour comprendre le

* On notera au passage l'illustration du propos précédent concernant le fameux sacro-saint respect des parents. Alors que si cet homme s'écoutait vraiment, il en voudrait à son père d'avoir eu cette réaction. Peut-être serait-il pour lui réparateur d'oser avoir... une dent contre son père !

mécanisme agissant et éviter ainsi de reproduire la même erreur ou une erreur similaire. En d'autres termes, *s'aimer, c'est se reconnaître imparfait mais perfectible.* L'écriture nous amène à cette prise de conscience dès lors qu'en toute humilité, nous accouchons de nos fardeaux personnels. Quelle légèreté alors, quelle réconciliation avec soi-même ! Autant dire que le processus de guérison est déjà en marche.

"Cette anecdote a eu lieu alors que j'avais environ neuf ans. Je m'intéressais beaucoup aux animaux et je passais beaucoup de temps à me promener dans la nature. Un jour, au printemps, j'ai découvert dans le creux d'un arbre un nid d'oiseaux avec deux ou trois œufs. Je pouvais observer le couple d'oiseaux qui allait et venait. C'est alors que j'ai eu l'idée saugrenue de récupérer les œufs, de les ramener à la maison pour les faire éclore. Très vite, je compris que je ne parviendrais pas à sortir les œufs car le trou était assez profond. Je me sentis alors tiraillée entre ma raison (qui me disait d'arrêter car j'allais casser les œufs et détruire le nid) et une espèce de force en moi qui m'a conduite à m'acharner. Finalement, j'ai bel et bien cassé les œufs et j'ai vu le couple d'oiseaux, complètement affolé, voleter dans tous les sens. Après cela, je me suis sentie très mal. Je n'avais jamais pu parler de cette histoire à quiconque jusqu'à ce jour."

Si douloureux qu'il soit, le passé peut toujours - au moins partiellement - être évacué par l'écriture. Encore faut-il pour cela que l'écriture soit en quelque sorte plus émotionnelle que mentale. Nous allons essayer de regarder maintenant comment cela est possible.

Exprimer ses émotions

De nombreuses techniques dites de libération émotionnelle existent aujourd'hui. De ce point de vue, l'écriture est d'une puissante efficacité car l'émotion est en quelque sorte insérée dans la matérialité de l'acte concret, ce qui lui donne tout son poids. C'est par notre capacité à laisser surgir en nous les émotions attachées (à notre insu) aux mots et phrases fixés sur papier que nous retrouverons nos émotions originelles, celles qui étaient là, inhibées ou non, au moment où se sont produits les événements que notre écriture évoque. Ne nous le cachons pas, *ce genre d'écriture authentique est douloureux.*

La libération des émotions enfouies au fond de nous est comme la libération d'un mal. Toutes nos frustrations, nos douleurs, les blessures de notre cœur, de notre candeur... remontent à la surface. A moins que ce ne soit nous qui descendions vers elles. En un mot, cette écriture-là nous ôte notre carapace protectrice, ce qui est, dans un premier temps, moins confortable. Nous sommes comme à vif, reconnectés à notre sensibilité, à notre fragilité d'enfant. Mais en même temps, nous sommes reconnectés à nous-mêmes. Oui, c'est le prix à payer pour renaître, pour réénergétiser l'être réel en nous.

Nous ne passerons pas en revue ici toute la palette des émotions qui peuvent survenir au cours de l'écriture. Ce beau sujet mériterait un livre entier. Mais arrêtons-nous un instant sur l'une d'elles qui est appelée le plus souvent à naître : *la colère.* Pour toute personne qui inhibe sa colère, le résultat est catastrophique. Il ne conduit pas à la sagesse comme d'aucuns le prétendent, mais à la dévalorisation de soi, à la frustration, au malaise physique et moral. *Car que devient une énergie qui ne peut s'exprimer ? Elle détruit de l'intérieur.*

Voici en exemple la colère d'une danseuse professionnelle exprimée à l'égard de son public. Le texte est donné dans son intégralité afin de restituer la mesure de la libération énergétique possible grâce à l'écriture.

"Bon maintenant, ça suffit. Ras le bol. Trous du cul, vous ne comprenez vraiment rien. Vous croyez encore que c'est de lever la jambe haut et de tourner trois fois qui fait la danse. Ça c'est peut-être de la gym. D'ailleurs voilà, je vous les lève les jambes ; ça va, vous êtes contents ? Nuls ! Voilà, je tourne, là, vous êtes contents ? Nuls ! Vous croyez que c'est quand on fait des choses difficiles qu'il y a performance ? Quand vous savez que vous n'y arriveriez pas ? Alors vraiment vous êtes complètement idiots ! Parce que là, y a performance, là, quand je tourne 3 ou 6 fois, mais que le corps est complètement stressé, fermé, la peau opaque et vous, vous n'y arriveriez pas ? C'est votre cerveau qui est opaque, vos yeux aveugles, votre cœur immobile et d'acier, c'est pas là la danse. Vous n'êtes ébloui que par la quantité,

consommation, consommation. Violence du corps, violences devant vos yeux. C'est pas encore bien brillant, l'être humain, aujourd'hui, culture occidentale, mon cul !

Là par contre, je lève mon bras, je pose un pied, je tourne mon regard, c'est tout, oui et vous, vous ne voyez rien, parce que vous croyez que vous pouvez faire la même chose ! Ah oui, et bien allez-y ! Cette délicatesse, ce toucher subtil, cette précision dans le geste, la lumière qui s'envole et émerge de la peau, cette tendre ironie dans mon regard, en accord exact avec l'émotion que j'ai à danser, vous y arrivez ?... C'est 33 ans de travail quasi quotidien et d'amour du mouvement, chaque jour, renouvelé, ré-appris, re-exercé et re-apprécié ! Remises en cause souvent, expériences chaque fois renouvelées, ré-ajustées, découvertes s'enrichissant chaque fois etc...

C'est vrai, vous pouvez peut-être vous aussi danser, comme ça, c'est justement ce que je voudrais vous dire et vous montrer. Ce n'est pas la performance que vous voyez, mais c'en est vraiment une autre forme d'être aussi juste que possible dans son geste et son attention, son intention, en face de bêtes noires comme vous ! Essayez déjà, vous, d'être juste dans votre rôle de public, d'être réellement réceptif à ce que vous voyez et entendez. Et si ce spectacle était une sorte de prière à la sincérité, au souhait de paix et de bien-être ? Pour moi non plus ce n'est pas facile, c'est même parfois culpabilisant de chercher à tout prix la lumière dans un monde qui me semble si sombre, mais si moi, je peux en donner un peu de la lumière ça n'est pas si mal ! Mais c'est difficile devant autant d'aveugles !

Bon, bref, ça suffit. Moi aussi, j'ai mal et voilà je danse. Alors je danse autant mon mal que mon bien. Comme vous. Alors regardez, je me donne à vous, grâce à ma danse, sachez donc apprécier, vous en serez vous-même plus heureux !

Musique, s'il vous plaît !..."

Écrire seul ou accompagné

L'acte d'écrire est d'abord un acte solitaire ; chacun est seul face à la page blanche. Mais il ne s'agit pas, comme le disent ironiquement certains (qui ont tout simplement peur de se regarder en face), d'une masturbation intellectuelle. L'écriture est un acte salvateur qui reconnecte l'individu à lui-même, à sa vérité, à son authenticité. C'est la raison pour laquelle il est bon d'écrire avec un crayon et non sur un clavier. L'authenticité passe par la main, par la démarche scripturale.

"L'énergie suit la pensée.... et la pensée suit la main. Quand j'étais en fac, on me disait souvent "il suffit d'écrire". Le raisonnement se fait par la succession des signes que l'on écrit, que l'on agence bout à bout. Souvent quand depuis leur chambre les enfants me demandaient de résoudre un problème de maths, j'éprouvais le besoin d'essuyer mes mains ayant trempé dans la vaisselle et de prendre un papier et un crayon pour réfléchir. Ça les faisait sourire."

Parce qu'elle rétablit une meilleure circulation énergétique en nous, la démarche d'écriture est guérisseuse. Mais jusqu'où peut-on aller seul ? Sur le plan de la guérison elle-même, nous ne pouvons fixer de limites parce que l'on ne connaît jamais celles de l'application d'un principe. Pour autant, il serait erroné de miser uniquement sur l'écriture pour résoudre tel ou tel problème de santé. Cela est d'autant plus vrai que le problème est grave. Toutefois, l'écriture constituera une aide précieuse, parfois déterminante, un complément utile aux autres démarches.

S'agissant d'écrire pour mieux se connaître et se libérer des chaînes qui nous retiennent prisonniers au cœur de notre être apparent, il convient avant tout, comme nous l'avons exposé dans les pages précédentes, *d'oser aller plus loin que la simple consignation dans un cahier* - même s'il est intime - des faits ou états d'âme quotidiens. Ce ne sont là que des photographies de surface ; elles ne révèlent pas l'essentiel.

"Quand j'étais jeune, à plusieurs reprises, j'ai tenu un journal intime. J'ai l'impression de faire un peu la même chose ici, avec l'étrange sensation que ce journal va être lu. Le pas est difficile à franchir. Déjà dans ces pages, il y a des choses que je n'ai jamais dites à personne d'autre qu'à moi, et encore..."

Écrire pour se guérir implique des risques, une certaine remise en question de nos angles *normaux* de prise de vue, en un mot, du courage. Une bonne méthode pour s'obliger à aller plus loin en écriture consiste à se poser la question : *et moi ?* le plus souvent possible, dès que l'on rencontre une situation qui nous interpelle. "Et moi, si j'avais le sida, qu'écrirais-je à ma mère, à mes enfants, à ma femme, à mon mari, etc... ? Cette femme dans la rue, belle, élégante, je sens bien qu'elle me dérange. Et si j'étais elle, que m'autoriserais-je ? Et si je gagnais une grosse somme d'argent, qu'en ferais-je ? etc..." Que nous inventions des histoires, de petites nouvelles, ou que nous laissions simplement parler notre cœur ou notre imaginaire libéré, le résultat surprend toujours.

"Quatre sœurs pour apprendre la fraternité au féminin, la sororité ! Je cherche, je cherche en vain... Que nous reste-t-il de ce partage de vingt années de vie commune ? La maison, le jardin... ? Disparus. Les cousins, la famille ? Eparpillés. Les souvenirs de nos conversations, de nos jeux ? Si diffus... Oui tout compte fait un esprit de famille inexistant. Pas d'affection, pas de confidences, des sentiments toujours tus, des jalousies soigneusement camouflées. Pourquoi nous être soumises à tant de pudeur, tant de distance ? J'avais quatre âmes sœurs et j'ai pleuré de n'en avoir aucune à qui me confier. Maintenant que les langues se délient, que les principes paternels s'envolent en fumée, osons les mots, les confidences, échangeons nos chagrins communs. La tendresse, l'abandon, la douceur que nous aurions tant voulu connaître. Tous ces baumes de l'âme qui auraient pu nous ouvrir plus vite. Cette sororité qui nous a tant manquée, on peut la construire maintenant. C'est simple ! Il suffit de laisser nos cœurs parler."

Arrêtons-nous un instant sur la forme de l'écriture. S'il est vrai que la démarche d'écrire ici présentée ne vise évidemment pas la production littéraire en priorité, les efforts que nous ferons pour améliorer la forme de nos écrits auront un effet bénéfique. Dans un premier temps, il convient - comme nous le répétons depuis le début de ce livre car c'est la clé la plus importante - de se laisser écrire. C'est dans cette liberté là que le moi caché, étouffé, a encore une petite chance de respirer. Au niveau du premier jet, qu'importe la syntaxe, les fautes, la rigueur. Ce qui compte, c'est que ça sorte! Mais le fait de travailler ensuite une certaine mise en forme présente le double intérêt d'augmenter la lumière et la confiance en soi.

Augmenter la lumière en soi

Le travail sur la forme de l'écrit (style, choix des mots, des images et analogies, agencement des phrases, concision...) oblige à être plus précis avec soi-même. Nous avons jeté sur le papier, en vrac, ce qui était dans ce tiroir fermé depuis si longtemps en nous. Mais tout n'a pas été vu du premier coup. Chaque réflexion sur notre écrit et sa meilleure mise en forme font un peu plus de lumière sur l'intérieur de nous-mêmes.

"Elle écrivait des mots sur un cahier. Elle écrivait lorsqu'elle avait envie de leur parler, à eux les gens, à lui, à son amour, à son ami, et même à des inconnus. Elle avait tellement faim de visages, d'yeux, de bouches avec des baisers, de corps avec des caresses, de pensées, de rêves, de voyages. Elle se sentait ridicule, mais il lui fallait tout extirper pour ne pas avoir à vomir les nuits où l'angoisse était trop présente

dans son œsophage. Elle avait ce pouvoir invraisemblable aux yeux des gens de créer des décors où l'irréel devenait réel. De cette façon personne ne lui manquait. Elle gardait l'avantage, elle en devenait même prétentieuse."

Augmenter la confiance en soi

Le fait de transformer en un *beau texte* un écrit au départ seulement douloureux, lourd de souvenirs personnels, donne un sentiment de sublimation à la traversée de sa propre douleur, donne un sens à notre démarche d'écriture, un sentiment légitime de fierté. Celui qui est capable, par l'évocation de son parcours personnel, d'atteindre au témoignage universel se sent une nouvelle valeur qui préfigure déjà la réconciliation avec lui-même.

"Les hordes sauvages traversent les plaines, les pirates sillonnent les mers. Je suis prisonnière, esclave, maltraitée, bafouée, prostituée. Des siècles d'esclavage m'ont asservie. Les religions, les cultes m'ont enfermée dans des dogmes. Mes cris de souffrance, mes gémissements d'angoisse ne faisaient qu'augmenter la haine, la cruauté, la brutalité. Pliant sous le poids des chaînes, j'agonisais de faim et de soif d'Amour.

Je mets au monde des milliers de femmes et d'hommes et la chaîne infernale recommence. Accepter des caresses que l'on ne désire pas, mon intimité forcée alors que, cabrée, les jambes serrées, je me protège. Courbant les épaules, je reçois les coups de fouet qui cinglent ma peau, me laissant mourante dans mon sang.

Mais aujourd'hui, je relève la tête, j'ouvre les yeux, je me dégage des chaînes qui m'entravent depuis si longtemps et je me révolte. Ici ou dans d'autres pays, j'ai secoué le joug des religions, j'ai crée des associations pour les femmes battues, j'ai porté plainte lorsque j'étais violée, j'ai refusé la prostitution. Lentement je me lève. Mes pas sont encore chancelants, mais je suis libre. De mon corps, de mes pensées, de mes actes. Je suis redevenue Femme, Eve, la Mère, la Sœur. Je peux toutes vous comprendre. Je peux toutes vous aimer."

Bien entendu, tout ce qui précède par rapport à l'écriture peut se vivre seul. Mais peut-être est-ce plus facile lorsque nous sommes, sinon guidés, du moins aidés. Les psychothérapeutes utilisent souvent l'écriture en complément à l'expression orale. Les ateliers d'écriture, qui n'ont pas de finalité psychothérapeutique, jouent néanmoins aussi ce rôle de catharsis. Les exercices proposés touchent souvent les couches profondes de l'individu. L'écriture créatrice favorisée par l'atelier révèle les émotions enfouies et dévoile les carcans et interdits liés aux systèmes de valeurs qui nous emprisonnent. Mais il n'est pas question ici d'analyse. A nous d'y voir clair... en nous relisant.

La Thérapie par l'Ecriture est une méthode de développement personnel entièrement fondée sur le pouvoir libérateur de l'écrit. Elle vise à réénergétiser notre être réel et à nous ouvrir progressivement à la voix intérieure de l'être essentiel. Dans la méthode proposée - soit par correspondance, soit sous forme de stages - les exercices sont suggérés en fonction de ce que l'animateur suppose qu'ils feront éclore. Il ignore de quoi il s'agit exactement, mais il sait lire les points sensibles. A lui d'inventer le bon exercice qui *emmènera* la personne au-delà de ses barrières pour que fleurissent enfin ses vérités essentielles. Voici un extrait d'exercice sur le thème du sang proposé à une jeune femme qui n'avait plus ses règles et vivait dans la hantise d'une maladie de sang. Cet exercice a marqué un tournant dans son cheminement positif.

"Peut-être que j'ai détruit mon côté féminin car je sentais que je ne pouvais pas le dompter, le maintenir dans ce carcan de bonne morale. Il était très lourd de conséquences de devenir une femme et je sentais comme un danger à le devenir, danger que l'on m'a exprimé clairement vers l'âge de 16 ans, date à laquelle j'ai perdu mes règles. J'avais peur d'avoir un bébé. Est-ce cela ? pas de règles, pas de bébé...! (Elle continue ainsi sur plusieurs pages son analyse, intéressante mais contrôlée, puis brusquement, elle se laisse aller à dire sa peur) *...J'ai écrit, mais pas grand-chose sur le sang. Déjà bien, je peux écrire ce mot sans avoir peur. Peur que mon sang ne devienne mauvais, c'est-à-dire soit malade, en manque ou en trop de quelque chose. Peur que ce liquide que je n'aperçois qu'à travers mes veines bleuies ne circule plus correctement ou se détériore et me fasse tomber dans un état lamentable. Oui peur que ce sang jaillisse à travers moi, sorte hors de mes veines à travers mon corps par une hémorragie. Sang, impossible à maîtriser, à contenir, sang à épier de*

peur qu'il me joue un mauvais tour. Sang de malheur, omniprésent, qui ne laisse de repos que lorsqu'il a tué le corps dans lequel il vit. Ne serais-tu pas l'âme noire de l'être qu'il faut surveiller pour ne pas qu'elle détruise tout. La bête noire de chacun, qu'il faut contenir, empêcher de sortir. Sang de la vie et de la mort. Sang que j'ai envie de crier, de hurler, de vomir. Sang de douleur, d'horreur, de déchéance. Peur du sang. Sang, sang, sent ça revient la vie. Quand est-ce que je pourrais t'appeler sang de la vie qui coule en mes veines ? Sang de la vie, de la joie, de l'amour. Sang je voudrais t'écrire, te crier cent mille fois pour t'exorciser. Sang, sang... sent la vie en toi. J'ai envie d'exploser de sang, de douleur d'amour. Sang, sang, sens la sérénité emplir ton être, sang de la terre, sens-toi baigné dans cet univers, relié aux forces de la nature, sens ton destin qui n'est pas écrit dans le sang. J'aimerais écrire une page entière avec sang, sang, sang de la vie..."

L'autre intérêt de ne pas écrire seul provient de la confrontation au regard de l'autre, à son acceptation, de ce que nous sommes... *Chaque fois que nous osons nous dévoiler dans notre nudité dérangeante, nous redonnons vie à notre être réel et commençons ainsi à laisser diffuser en nous son énergie guérisseuse.* En laissant vivre notre être réel, nous nous ouvrons à son savoir instinctif. Ce savoir va jouer à tout instant pour faire de nos choix des choix justes, notamment sur le plan de la nourriture. Si tant de personnes ont des problèmes à ce niveau-là (problèmes d'être apparent), c'est bien parce qu'il existe une étroite corrélation entre nourriture et émotion.

"Au niveau alimentaire, j'avais d'un côté l'envie de mincir et de l'autre l'envie de manger des sucreries ou des gâteaux salés ou n'importe quoi pour calmer mon esprit. En mangeant, je tentais de neutraliser des émotions que je refusais. Calmer mes manques, mon angoisse du vide, mon sentiment de solitude et d'abandon. Aussitôt que j'avais absorbé plus que la normale, je me laissais aller à l'excès : "au point où j'en suis". Cela arrivait lorsque j'avais peur.

La nourriture, par le biais de la dépendance, indiquait mon incapacité à vivre ma vie d'adulte de façon autonome et adaptée. J'ai appris peu à peu à reconnaître mes manques profonds, mes désirs, à mes pulsions ; à négocier avec mes frustrations ; à faire le deuil de la mère idéale... Enfin j'ai appris à m'aimer. Avant j'avais peur de tout. Je ne parlais pas. C'est tout juste si je respirais. Je m'excusais sans arrêt d'exister. Je n'osais rien vivre, je craignais d'être ridicule, de ne pas être comprise. Je m'évertuais à faire plaisir aux autres pour être acceptée.

Aujourd'hui, je vis d'abord pour moi. La plupart de mes problèmes physiques ont disparu. Je m'aime et je commence vraiment à aimer les autres."

N'est-ce pas là une belle renaissance d'un être réel ? Cette renaissance est-elle possible pour nous aussi ? Et par quelles techniques d'écriture ? C'est ce que nous allons découvrir dans le dernier chapitre.

Chapitre 4

Pratique de l'auto-guérison par l'écriture

Tout au long de cet ouvrage, nous avons tenté de développer l'idée que la guérison par l'écriture repose sur ce pouvoir de nous reconnecter à notre vérité intérieure la plus intime. Il s'agit de se servir de l'écriture pour sortir de la prison que représente l'être apparent afin de devenir cette véritable personnalité libre (être réel) que nous sommes, sous l'influence et l'inspiration de l'aspect le plus élevé de nous-mêmes : notre être essentiel.

Tout se passe un peu comme lorsque nous voyageons dans des contrées lointaines. Ce n'est pas systématique, mais nous risquons bien d'attraper les *maladies spécifiques* du lieu. De la même manière, nous ne sommes pas *en nous-mêmes* lorsque nous sommes focalisés en nos seuls êtres apparents. Et plus nous sommes ainsi en exil, plus nous sommes coupés de nos véritables sources énergétiques naturelles, cause première de tout dysfonctionnement. *Nous sommes malades de la rupture avec nous-mêmes.*

Les conséquences négatives de cet état sur notre équilibre physique et moral sont d'autant plus importantes qu'en même temps, nous sommes confrontés à des situations plus dérangeantes. Les réponses de compensation que nous cherchons alors à inventer ne résolvent rien. Au contraire, elles ajoutent de nouvelles complexités, nous éloignent encore un peu plus de notre authenticité, préparent de nouvelles sources de dysfonctionnement.

La première vertu de l'écriture est donc celle qui permet de retrouver le chemin de soi-même. Les différents modes d'écriture présentés dans ce chapitre ont chacun une vertu particulière. Nous les indiquerons bien sûr, mais sans insister, tant il est vrai que le plus souvent, l'enseignement passe par des exemples. C'est la raison pour laquelle les extraits de témoignages ou de courriers abondent dans cet ouvrage.

Il est possible que certains textes des pages suivantes vous inspirent et vous donnent envie d'écrire. Alors l'un des buts de ce livre sera atteint : *Écrire, écrire, écrire encore, faire soi-même avec les mots le chemin qui conduit à sa propre vérité.* Une partie de ce chemin est commune à beaucoup d'entre nous : même origine, même éducation, mêmes souffrances affectives, parfois mêmes rêves perdus ou abandonnés. Par l'écriture, nous sommes en fraternité ; nous ne sommes plus seuls. Mais une partie du chemin nous est aussi très personnelle. Ce n'est plus alors qu'un sentier sur lequel il est dur et dérangeant d'avancer. Nous avons à ce point oublié qui nous sommes, que ce chemin, qui pourtant nous ramène vers nous-mêmes, semble en même temps nous emmener en terre inconnue. C'est alors qu'écrire devient acte de courage.

Il arrive un temps où nous serons seuls pour nous guider. Et c'est bien ainsi. À nous de savoir si tel ou tel texte est une impasse ou un sentier à explorer. Parfois, nous nous tromperons, parfois il y a aura au bout de nos mots de superbes révélations, créatrices de confiance en soi. Progressivement, presque à notre insu, l'être réel en nous apparaîtra. Certaines difficultés qui étaient les nôtres auront disparu car nous serons différents. Les petites roues du vélo pour apprendre à rouler seront devenues inutiles sans même que nous nous en apercevions. Des choses que nous ne pouvions pas faire, mais dont nous avons écrit que nous voudrions les accomplir, commencent à se réaliser. Ainsi va la magie de l'écriture...

"Elle avançait nonchalamment, sa robe d'été collée à ses formes d'enfant. On ne lui donnait pas d'âge. Elle était seule dans ce paysage, en même temps dépouillée et grandiose. La vallée encaissée laissait couler sa rivière d'argent. La jeune femme venait y tremper de temps en temps le bout d'un pied. Je restais en haut de la colline, assise là, longtemps je crois, à la regarder. Le peu que je voyais était touchant de

plénitude. Elle semblait puiser une joie profonde à être là, une joie et un détachement mêlés qui, soudain, me firent passer du plaisir de la regarder au sentiment d'une infinie solitude.

Je me sentis comme paralysée, interdite de bouger, de la rencontrer. Elle là-bas, si dansante, moi ici, atterrée. Mon regard se tendit vers elle encore plus fort. Je m'aperçus que s'échappaient de ses longs doigts des sortes de paillettes, si fines que je les imaginais de la texture même de sa peau. Elles semblaient d'or et d'argent, et si légères qu'elles se laissaient porter un moment dans l'air avant de se poser dans ses pas. J'eus envie de crier, ou de courir et de les amasser, mais ma voix comme mon corps me faisaient défaut.

Je repris mon observation silencieuse. La jeune femme prenait plaisir à avancer ainsi, dégagée de toute intention. J'eus la certitude qu'elle n'était que de passage et venait déposer là ce qu'elle avait choisi de ne jamais donner à personne. Je sentis de forts picotements dans les yeux et ma gorge se serrer. Tout devint trouble. Quand je repris connaissance, elle n'était plus là. Quelque chose me fit lever la tête. Je vis alors un scintillement relier le ciel à la vallée et le soleil embraser les mille paillettes. Je crois qu'elle s'est envolée..."

N'oublions pas que le mot est créateur. *Et le verbe se fit chair.* Nous pouvons modifier la réalité de notre vie par le mot, par le verbe. De tous temps, les hommes se sont servis des mots pour décider de leur vie et de leur évolution : prières, incantations, invocations, mots de pouvoir, mantras... rappellent que partout, l'énergie du mot est reconnue. Le mot peut apaiser, puis transformer ; il peut aussi détruire. Mais quand il commence à entrer en relation avec les vérités profondes dont l'être est porteur, il accomplit sa tâche de libération et de reconstruction ; de guérison.

Il est peut-être temps maintenant de continuer à lire ce livre avec une feuille blanche près de nous et un crayon à la main. Et si les dieux nous inspiraient ?... Voici les principaux modes d'écriture que nous allons passer en revue : les témoignages, les lettres symboliques, les fantasmes, les déclarations officielles, l'écriture anamnésique, l'écriture primitive.

L'écriture-témoignage

Il s'agit de l'écriture la plus simple, la plus spontanée, celle qui vient tout naturellement quand un besoin d'écrire se fait sentir... pour y voir plus clair. Car telle est bien la première vertu de ce mode d'expression. Nous pouvons d'ailleurs tous en faire l'expérience. Choisissons un sujet ou un passage de notre vie sur lequel - dans notre tête - nous nous croyons *au clair.* Témoignons sur ce sujet, laissons-nous écrire. Nous nous apercevons alors avec surprise que nous écrivons beaucoup plus que nous ne le pensions. Ou que nous n'écrivons pas tout à fait ce que nous pensions écrire.

"Je me rends compte maintenant que ce que j'écris sur mon père me montre (à ma grande surpri-

se) que j'étais en admiration, en adoration devant lui, alors que je l'ai méprisé et détesté lors de ses dernières années. J'écris en fait l'inverse de ce que je pensais écrire. Sans cette écriture que vous m'avez demandée, je n'aurais jamais su que je ressentais tout cela au fond de moi, que je vivais tout cela. J'ai tout hérité de lui. Même ce côté désobéissant et anti-conventionnel qui m'a permis de survivre."

En écrivant, nous voyons apparaître des détails, des souffrances, des souvenirs dont nous n'avions pas conscience. Nous nous apercevons souvent que nous ne connaissions que très peu ce pan de notre vie. L'écriture-témoignage joue parfaitement bien ce rôle premier d'écriture-révélatrice (avant d'être libératrice) en nous éclairant sur nous-mêmes. Or, peut-on se comprendre, et donc peut-on évoluer, si nous n'avons de nous que des visions floues, des souvenirs tronqués, des images déformées ? Méfions-nous de ce qui est enfoui dans notre tête. Il est parfois utile d'en vérifier le contenu. Les mots le permettent - surprises garanties ! Et même si cette écriture n'est destinée qu'à soi-même, nous en tirerons toujours le plus grand bénéfice. Mais si, de surcroît, elle est partagée, confrontée au regard de l'autre, elle devient alors libératrice.

"Cette fois-ci, je suis bien décidée à écrire, parce qu'écrire, c'est réfléchir deux fois. Les souvenirs sont revenus en foule à ma mémoire. Bons, mauvais, enrichissants, humiliants, dégradants... je ne sais pas trop quoi en penser par manque de recul.

Enfance passée trop vite, adolescence sanglante, trop dure à supporter peut-être. Alors, il y a d'abord eu la peur des autres, les crises d'angoisse qui paralysent, la crainte d'échouer, d'être un "looser", de ne jamais rien faire de bon. Tentative de suicide le.... Trois mois et demi d'internement psychiatrique. L'hôpital psychiatrique, c'est d'abord une odeur de pisse et de médicaments, du tabac froid aussi qui vous prend à la gorge. Ensuite, il y a tous ces bruits de clés sans cesse, car tout est fermé à clé. On coupe votre viande et on enlève le couteau. On surveille le temps que vous mettez pour prendre votre bain. Et la baignoire ne se remplit pas entièrement. Et puis il y a les autres, qui n'ont plus rien d'humain, des bêtes, des monstres qui hurlent chaque soir à la même heure. Ça n'a rien d'un cauchemar, c'est bien réel.

Puis on enfouit tout cela dans sa mémoire, et on essaie d'y penser le moins possible pour éviter de se faire du mal, comme ça, gratuitement. J'ai compris que j'avais franchi un de ces interdits sociaux, j'ai bien payé, merci.

Alors il a fallu réapprendre à vivre avec son mal ; il a fallu affronter le pire : le regard des autres, les allusions cyniques, les questions indiscrètes. Mentir ou dire la vérité ? Et puis il y a ceux qui vous traitent de lâche, mais ceux-là ne comprendront jamais rien. Dommage.

Aujourd'hui ? Et bien je suis décidée à vivre, vivre bien si possible, grignoter mon petit bout de bonheur, bien tranquille. Je ne veux pas mourir pour rien, je ne veux plus ressembler à la fille d'Œdipe. Ce genre d'héroisme, je le laisse à d'autres."

Il existe également une autre forme d'écriture-témoignage qui consiste à dresser une sorte de bilan général de notre vie. Pourtant, nous la connaissons, cette vie. Alors pourquoi écrire ? Mais là encore, l'expérience mérite d'être tentée. Car l'écriture d'un parcours de vie donne à son auteur une sorte de vision générale, nouvelle, panoramique, qui en révèle le sens, ou en tout cas, montre une certaine logique de ce parcours. Ce bilan permet souvent de mieux comprendre comment notre vie s'est déroulée en vertu de la loi de cause à effet. Et nous voyons comment, sans nous en apercevoir, nous avons bel et bien été l'auteur de notre vie, et que ses aléas ne doivent finalement rien au hasard. *L'écriture du bilan de sa vie augmente le sens de la responsabilité vis-à-vis de soi. Elle nous rend plus adulte.*

Ce travail personnel, simple à accomplir, est toujours très utile en période de changement, de bouleversement ou de remise en question, de deuil aussi... L'écriture-témoignage constitue bien le premier et utile nettoyage qui aide à repartir d'un meilleur pied.

"Il y a quatre ans, après l'arrêt de l'allaitement de mon fils, quatre mois après sa naissance, je me suis trouvée dans une période très dépressive, voire suicidaire... Beaucoup de choses n'allaient pas bien, disputes, non compréhension dans le couple. Mon père est mort quand mon fils avait dix huit mois environ. Je me sentais très mal en famille, beaucoup de reproches à ma mère, à ma sœur dont je me suis éloignée... Bref beaucoup de choses montaient à la surface pour chercher à se régler. J'ai cherché à m'en sortir en

écrivant. Je n'ai jamais voulu prendre de médicaments, comprenant qu'il fallait exprimer tout cela plutôt qu'enfermer. Petit à petit je me suis rendue compte que cet état m'amenait à des prises de conscience dans beaucoup de domaines. C'était en fait le début d'un travail de recherche et de développement. J'ai beaucoup écrit, fait des découvertes, changé mes habitudes de vie (surtout alimentaires). J'aimerais changer encore beaucoup de choses, mais je suis peut-être trop impatiente."

Voici maintenant un texte écrit par une personne pour laquelle témoigner fut à un moment de sa vie vital. En raison d'un quiproquo, elle crut pendant quelques semaines ne plus pouvoir rencontrer l'écoute de l'autre. Ce texte, qu'elle avait intitulé : "Besoin de partager", rend hommage au témoignage et nous avons eu envie de le partager.

"Ce jour ou ce soir, très tôt ou très tard, j'ai posé mes idées sur une feuille de vie. Je dois apprendre à ne plus partager mes écrits. Pourtant l'envie reste. En cet instant je suis là. Yeux remplis de lettres et de larmes. Dans mon regard se rencontrent toutes les pages récentes du temps passé. Noires de mots, nuits blanches d'images. La jonction d'un ensemble de lettres qui se réunissent en mots, tout doucement en phrases. Typographie de cristal dans le jour absent. Moment de plaisir qui ne pourra plus être partagé.

Besoin de partager ce tout, ce rien... Désillusion d'un espace noirci. Le crayon attristé avance. C'est la complainte de mes idées mises en noir sur un papier blanc d'incertitude. Pourquoi apprendre l'alphabet quand il ne sert à rien avec des adultes ? Connaître les lettres, jouer à les assembler, les séparer, les rencontrer. Conquérir leur secret pour les aimer, les écouter, ne plus les partager. Elles pourront peut-être m'aider à devenir. Plaisir créatif pour voir la couleur des nuages. Au gré du moment le crayon danse, le temps suit sans bruit. Partenaire ou adversaire ?...

Les lettres forment mon sourire ou mes larmes. Silhouette de mes idées. Les mots jonglent d'une pensée à l'autre, partagent la même page, pas toujours la même ligne. Mes lettres aiment le bruit endormi de ce demi-jour, de cette demi-nuit. Les mots disent le silence de ma page. Les phrases chantent la ponctuation du temps. Je reste solitaire devant ce spectacle. Puis-je être autre chose ? Je crée, fais et défais. Foule d'images d'enfant. Le crayon glisse à la recherche de la couleur de mes rêves."

L'imaginaire et les fantasmes

Largement connue et même vulgarisée, la notion de fantasme fut longtemps tabou. Le mot faisait peur, comme s'il recelait au creux de ses lettres toute la puissance des interdits. Alors oser regarder, entendre, écrire ses fantasmes, ce n'est pas si facile ! Nous considérerons trois cas :

- les fantasmes s'imposent en certaines circonstances et qu'on le veuille ou non, il est impossible de les stopper,

- les fantasmes sont recherchés volontairement, soit par jeu érotique seul ou en couple, soit pendant l'acte sexuel parce qu'il favorise ou déclenche la jouissance,

- les fantasmes se révèlent par surprise, malgré les barrières mises en place afin qu'ils n'apparaissent pas.

Il serait intéressant d'étudier en détail ces trois cas de figure et toutes les nuances intermédiaires auxquelles ils peuvent donner naissance. Mais dans les limites de ce livre, nous nous contenterons d'essayer de comprendre l'origine des fantasmes, leur rapport avec l'écriture et en quoi les exprimer est un acte libérateur.

L'existence de fantasmes est d'abord liée à l'être apparent, dans la mesure où celui-ci est le reflet des interdits et traumatismes imposés à l'être réel. Certains traumatismes d'enfance, par exemple, sont tellement inscrits qu'ils créent tout naturellement le terrain sur lequel vont se développer les fantasmes qui seront finalement, à leur manière, des réponses de compensation (voir le chapitre précédent).

L'enfant qui entend crier sa mère lorsqu'elle est battue, mais qui l'entend aussi crier quand elle fait l'amour, va être la proie d'une confusion qui l'*obligera* plus tard, dans son vécu d'adolescent ou d'adulte, *à mélanger jouissance et souffrance.* Selon que cet enfant est un garçon ou une fille, et en fonction d'autres facteurs aussi (ses conditionnements, le profil de son être réel...), cette confusion se vivra différemment, et les fantasmes développés seront de nature plutôt masochistes ou sadiques.

"...et puis cette autre tendance apparaît à l'œuvre dans ma sexualité à travers un fantasme

très opératif puisqu'il me donne la jouissance immédiate. C'est lorsque je vois la toute puissance d'un homme roi-maître-tyran, qui me subjugue, ordonne, commande les préparatifs de l'acte sexuel que j'exécute humblement, sous le regard des autres épouses."

Dans le premier des trois cas mentionnés, le fantasme sera refusé et la personne devra transférer son besoin de relation ambiguë sur une autre activité ou dans le cadre d'autres comportements (on cherchera alors vainement l'explication du comportement anormal si l'on ne comprend pas qu'il est la compensation d'un fantasme refoulé).

Dans le deuxième cas, le fantasme ne sera plus un fantasme, mais une réalité vécue concrètement, éventuellement dangereuse pour soi ou les autres. C'est le danger du passage à l'acte des pulsions fantasmatiques..

Dans le troisième cas, le fantasme sera reconnu pour ce qu'il est, accepté en tant que tel, et servira à une meilleure connaissance de soi. Dans l'exemple précédent, il permettra à la personne de se reconnecter à sa souffrance originelle liée à sa peur pour sa mère. Si elle *travaille* sur cette peur - *ce qui signifie simplement écrire et se faire lire* - elle en sera libérée. Du même coup, elle sera libérée aussi du fantasme qui lui était attaché.

Les trois cas d'écriture sans jugement peuvent aider à voir clair en soi et à sortir du conditionnement d'être apparent. En fait, les fantasmes naissent partout où réprobations et interdits empêchent de vivre les besoins et désirs. C'est par ce jeu de l'imaginaire involontaire que notre être réel essaie malgré tout de s'exprimer. C'est donc une clé pour le découvrir.

"Un de mes fantasmes préférés est de faire l'amour avec un inconnu. Cela se passerait dans une forêt. Et je lui dirai : "fais-moi l'amour". Et je me laisserais aller sous ses caresses libératrices, lentes, apprivoisant mon corps avec délicatesse et patience.

Je ressens le trouble qui naît, signalant à ma tête que mon corps apprécie ses caresses, qu'elles font naître le désir. J'ai besoin de goûter ses lèvres, d'apprécier la force de son désir. Plus que mon bassin, mes yeux dans toute leur grandeur et leur profondeur l'invitent à poursuivre. Je le laisse découvrir ces parties que l'on ne montre jamais, comme le haut des cuisses, leur intérieur, le creux de l'aisselle, là où la légèreté de la caresse est d'une subtilité délicieuse. Je m'ouvre à lui, à ses caresses, telle une fleur qui s'épanouit sous les rayons du soleil. La fusion est telle qu'il est moi, que je suis lui, dans le moindre geste. Son regard m'encourage à poursuivre, à laisser s'extérioriser le mouvement de la vie qui est au fond de moi, qui va et vient telle une vague, laissant son empreinte, entraînant mon bassin dans une danse subtile et belle. Je suis dansée par l'amour, emportée dans ce flux du plaisir et du désir. Je renoue avec moi-même par la magie de cet inconnu."

L'un des fantasmes féminins les plus courants est de s'imaginer prostituée. Suprême interdit, suprême attirance. Et pour cause ! En tant qu'être réel, toute femme porte en elle ce désir total et amoral de séduction, évidemment refoulé (l'attitude juste étant de le connaître, de le canaliser et non de le refouler). Ce fantasme est d'autant plus fort que les interdits signifiés dans ce domaine auront été puissamment exprimés.

"Lorsque je manque de désir vis-à-vis de mon partenaire, il suffit que je fantasme en me mettant dans la peau d'une prostituée et j'arrive à avoir une jouissance très rapide et très forte. Mais si je supprime ce fantasme de la prostituée, c'est comme si ma libido était affaiblie. Je ne ressens aucun plaisir, et même je suis très mal à l'aise. De toute façon, je suis beaucoup plus libérée en tant que maîtresse qu'en tant que femme. Avec l'homme qui partage ma vie, je ne fais aucun effort de séduction. Sexuellement, c'est moi qui décide. C'est quelque part, je le sais bien, une vengeance. Mais ce n'est pas pour autant aussi satisfaisant que cela."

Le fantasme peut facilement s'inverser, et de la soumission liée à l'état de prostituée, la personne peut passer à un désir de domination. La reconnaissance d'un tel désir constitue évidemment une clé pour la connaissance de soi pour comprendre certains mécanismes de fabrication de notre être apparent et ainsi pouvoir les *débrancher* en les écrivant. Bien entendu, il faut pour cela laisser venir ce qui veut venir. Le résultat sera forcément dérangeant puisque lié aux interdits que nous portons en nous.

"...Enfin je dis bonsoir à ma mère et prends bien soin de fermer la porte de ma chambre. C'est à ce moment là qu'il me monte des désirs interdits. Mon fantasme est de me balader dans les rues chaudes des grands boulevards où le désir est partout présent. Comme je suis un peu voyeur, je marche uniquement pour m'imprégner de ce désir, pour regarder sur mon passage les prostituées qui m'excitent en montrant leurs corps à moitié dénudés. Je poursuis mon chemin, et attiré, je rentre dans un lieu de strip-tease où des créatures de rêve se déshabillent sur une musique douce et des lumières tamisées. A la fois excité et affolé de désir, je sors pour me calmer et je rentre chez moi, où je peux m'abandonner au plaisir sexuel solitaire. Mais cette fois-là, soudain la porte de ma chambre s'est ouverte brusquement. Affolé, je tire les draps sur moi pour me cacher. Tout a été si vite que je ne sais pas si ma mère a eu le temps de me voir. Elle n'a rien dit mais son regard en disait long."

Exprimer son ou ses fantasmes est extrêmement libérateur. D'abord parce que l'on s'aperçoit que le monde ne s'arrête pas de tourner malgré ce que l'on révèle. Or, la personne qui n'ose pas dire ou écrire son fantasme développe en elle, jour après jour, un sentiment de culpabilité, de noirceur ou d'anomalie, qui ne peut que la couper encore un peu plus de son être réel, et par là même, l'éloigner de la grande réconciliation avec elle-même. Et nous savons maintenant combien tous nos maux physiques et moraux sont liés à cette coupure d'avec soi-même.

S'écrire mutuellement leurs fantasmes est certainement un conseil que l'on peut donner aux couples. Le travail d'écriture aura le double mérite de permettre à chacun de s'exprimer et de s'ouvrir, donc de mieux se connaître, mais en même temps d'être aidé par le regard bienveillant de l'autre, auquel on apportera à son tour le même regard libérateur. Sans compter peut-être quelques rapprochements plus pimentés que cet imaginaire écrit aura déclenché. Qui s'en plaindrait ?... Dans ce domaine intime encore plus peut-être que dans les autres, il convient de s'ouvrir, de partager, pour dédramatiser et comprendre que l'on a le droit d'exister.

"Je voudrais aussi vous interroger sur mes fantasmes. Lorsqu'il m'arrive de savoir que je ne pourrais pas faire l'amour avec la personne désirée je mets en place un scénario où je suis la principale actrice... au moment de la jouissance. Ce scénario est alimenté par des rencontres. Par exemple je rentre en stop parce que ma voiture est en panne et je tombe alors sur un type qui me demande de "lui faire une pipe" selon ses propres termes. Je refuse bien évidemment, mais cet interdit que je me pose va servir à faire du carburant pour mes fantasmes. Fabuleux, jouissance assurée!

J'ai aussi le fantasme de me faire prendre par deux hommes. Avec des préliminaires très longs, du vocabulaire approprié, des positions de toutes sortes. Dans ce fantasme je ne visualise pas vraiment. C'est plutôt une pulsion, le matin, le midi ou le soir, en fonction de mon cycle menstruel. J'ai remarqué qu'il y a une période "chaude" dans mon cycle où j'ai des envies folles de faire l'amour, ou carrément vulgaire, de me faire sauter. Là c'est un besoin, une urgence, il faut que je le fasse. Je n'en suis pas choquée, pour moi c'est naturel, ça fait partie de mon équilibre. J'ai aussi des fantasmes liés aux lieux, style hôtel dans les bois ; des manières de me déshabiller, de me faire déshabiller, enlever tout ou partie de mes vêtements."

Les lettres symboliques

Comment se libérer d'une relation mal vécue, sachant que plus elle est ancienne et nous atteint dans notre sensibilité, plus elle est incrustée en nous. Une telle relation correspond à ce que nous appelons une cause profonde. Celle-ci est enfouie profondément en nous, recouverte par toutes nos protections et carapaces, afin d'empêcher tout impact sur nous. Mais ce camouflage ne sert à rien. Malgré nos *réponses de compensation,* la souffrance originelle continue d'agir dans l'ombre, nous empêchant d'être nous-mêmes, détruisant la confiance en nous. Elle génère une perturbation permanente de notre équilibre. Bien sûr, repenser à tout cela perturbe et ravive les souffrances anciennes sans les soulager. La lettre symbolique intervient ici pour nous faire sortir de cette roue infernale qui occulte ce qui nous fait mal et nous en rend dépendants. Elle joue un double rôle :

1 - Faire revenir à la conscience les éléments constitutifs de la relation ainsi que les émotions qui y sont attachées. Ce travail, douloureux certes, n'est pourtant pas masochiste. Par le fait de dire et d'écrire, il permet la libération de nos émotions attachées à cette souffrance.

"Tu me dégoûtes profondément. Qu'est-ce qui t'a pris de m'avoir fait ça ? Je voudrais me mettre la tête dans une bassine d'eau tellement je brûle de honte. Le pire de tout c'est que je n'y comprends rien. J'étais sûre que tu allais être content. Mes cheveux étaient noirs, brillants, raides, longs et propres. J'étais propre, je sentais bon, je me sentais pleine de vie et de souplesse. J'étais la joie et la vitalité. Mes tantes me disent : "Va montrer ta coiffure à ton père" et j'y suis allée. Je me sentais comme un petit lutin. Je voulais juste que tu acquiesces ; juste un "oui c'est bien" avec un sourire. Alors j'aurais ri et je me serais mise à tourner et à danser. J'aurais senti couler la vie en moi, le long de ma peau, comme quand on presse un gant rempli de savon et que l'eau savonneuse coule le long du corps. J'aurais senti la lumière entrer à flot dans mon être, j'aurais entendu des rires d'enfants, j'aurais embaumé.

Au lieu de cela j'ai eu le froid et les ténèbres. De quel droit m'as-tu fait ça ? On aurait dit que tu avais honte de me dire que j'étais belle, et quand je pense à ça, à cet épisode de mes 7 ans, j'ai envie de vomir. Mon estomac se crispe, j'ai vraiment envie de frapper des poings contre les murs pour avoir mal. Je me sens devenir lourde et maladroite. Plus tard, je veux dire après cette scène, je suis devenue un "contraire", le contraire de ce que j'étais. Je suis devenue lourde, triste, pataude. Je grossissais. Puisque tu n'as pas aimé ce que j'étais, autant devenir le contraire."

Le fait de se reconnecter à l'origine de notre souffrance agit comme une acceptation (et non de résignation) de ce qui s'est passé, et de reconnaissance de notre propre souffrance. Un peu comme si l'on se disait : "Oui j'ai eu mal, oui j'ai toujours aussi mal que tu ne m'aies pas aimé, pas accepté, pas serré dans tes bras... mais maintenant je le sais, j'ose le regarder en face. Je ne veux plus tricher avec cette réalité-là. Je ne veux plus être dévoré de l'intérieur par cette souffrance qui vit toujours en moi".

Ce regard lucide, plein d'humilité, est le point de départ pour vivre une autre réalité. Cette possibilité créatrice correspond au second rôle de la lettre symbolique.

2 - Modifier la conclusion de la relation. Il n'est pas de réalité définitivement figée, et notre souffrance dépend en partie de notre perception de la réalité. Or, toute perception est subjective. Le fait d'exposer par écrit la scène vécue nous rapproche d'une certaine objectivité, remet les choses en place et permet de sortir quelque peu de la vision subjective à laquelle est attachée notre souffrance. Celle-ci dépend aussi du fait qu'au moment où les événements se sont produits, nous étions impuissants à peser sur notre réalité : soit nous étions trop jeunes, soit nous étions en position de faiblesse ou de dépendance. Nous sommes restés sur un échec et une trahison de nous-mêmes, ne pouvant imposer notre point de vue ou incapables de faire valoir nos droits.

La lettre symbolique va rétablir une certaine justice, elle nous incite à prendre l'initiative. Il n'est pas question de passer du rôle de victime à celui de bourreau, mais simplement d'affirmer notre identité, notre liberté, notre honneur... C'est pourquoi cette lettre redonne confiance en soi.

"...maintenant, aussi bizarre que cela puisse paraître, je suis contente ! Je ne savais pas qui j'étais, mais revivre cette scène m'a fait me reconnecter à mon moi, mon "nafs" comme on dit en arabe, à mon souffle. Je sais qui je suis, je me sens apaisée. J'ai de la peine pour toi. C'était difficile pour toi de dire que tu étais content de me voir aussi jolie. Tu as préféré me renvoyer avec des saletés et me dire "laisse-moi tranquille". Mais comment un homme peut-il dire à une "beauté" laisse-moi tranquille ! Tu me fais rire maintenant, c'est cocasse. Tu avais un joyau devant toi, tu n'avais qu'à tendre la main pour le rendre encore plus beau. Tant pis, moi je redeviens comme avant. Si je pouvais maintenant rire par écrit, je rirai d'un rire clair et frais, léger et pétillant, charmant, coquin, je rirai de bon cœur comme une enfant souple et chaude qu'on chatouillerait."

Pour être efficace, la lettre symbolique doit remplir plusieurs conditions.

a) Elle ne doit **s'adresser qu'à une seule personne et être nominative.** Il est important que le nom de la personne soit cité plusieurs fois.

"Madame M., maîtresse de maternelle, est-ce que tu te souviens de l'humiliation que tu m'as fait subir lorsque à quatre ou cinq ans j'étais dans ta classe ? Nous étions contraints d'aller tous ensemble aux toilettes, envie ou pas envie. On ne nous le demandait pas. J'ai fait "mes besoins" mais je ne me suis pas beaucoup essuyé les fesses, si bien qu'il semblait que j'avais fait dans mon slip. Quand tu as regardé mon slip un peu sali, tu as cru que j'avais fait dans ma culotte. C'était faux Madame M. Tu t'es trompée, je m'étais juste mal essuyée. Tu m'as donné un slip blanc de l'école. Je n'avais pas besoin de ce slip blanc avec le nom de l'école.

Madame M., tu m'as prise pour une malpropre, tu avais tort. Je n'ai rien osé dire, j'ai laissé faire. Je t'accuse de m'avoir dévalorisée et insultée en me faisant cela. C'est toi qui m'a salie…

Peut-être est-ce à cause de toi que maintenant je n'ai pas confiance en moi, que je suis constipée, que je ne me laisse pas aller, que je ne crois pas en mes sentiments, en mes sensations, mes émotions.

*Madame M., tu m'as fait croire que j'étais celle qui se trompait, qui avait besoin d'être lavée, purifiée. Je n'en voulais pas de ton slip blanc, elle ne me gênait pas tant la saleté au fond de ma culotte. Maîtresse-détresse, tu m'as violé dans mon intimité. Madame M., je veux me libérer, me détacher de ce passé, de ce caca collé, de cette merde que vous m'avez attribuée. Je vous la renvoie, elle n'est pas à moi, cette honte de moi, cette peur d'avouer la vérité."**

* On observera dans cette lettre que la personne alterne le tu et le vous, montrant ainsi qu'elle passe de l'enfant qui revit le passé à l'adulte qui décide de l'avenir.

b) Elle doit **être écrite avec le cœur et le ventre** (puisque c'est par eux que se fixent souffrances et émotions), même si cela amène à décocher quelques flèches ou à libérer une certaine violence.

"Toi mon frère de lait et frère de sang, tu es encore là. Où es-tu ? Tu n'as jamais eu le courage de vivre. Tu manques à ma mère, tu manques à mon père. Tu n'as jamais eu de corps, ou si peu. Je t'en veux. Moi qui ne sait que faire du mien et l'ai si souvent maltraité. Tu n'avais rien à faire pour être aimé. Si tu avais été là de quoi aurais-tu l'air ? En fait tu n'es jamais parti. Tu es présent. Ton souvenir, ton absence nous hante. Tel un fantôme. Puisque personne n'a su te remplacer.

Va-t-en. J'ai moi aussi voulu mourir pour être aimée. Tu lui a tout pris. Sa vie, sa jeunesse, sa joie. Moi je n'ai eu que sa tristesse, sa vieillesse, sa haine. Vois le mal que tu as fait. Tu es parti enfant pour nous laisser la place. Mais en partant tu as tout pris. T'avais qu'à vivre après tout, te coltiner la mère, le père, la sœur et on aurait vu ce que tu valais vraiment, ce que t'avais dans les couilles puisque toi t'en avais un sexe. Après tout il faut toujours prouver qu'on vaut la peine de vivre, se justifier par des efforts surhumains, justement parce que je ne suis pas pur esprit. Tu laisses un vide, un creux, une marque, un grand chagrin, un flou. Où es-tu ? Dévoiles-toi. Tu as eu ta chance..."

c) La lettre symbolique doit **contenir des propos affirmatifs et ne pas laisser de place à l'incertitude.** "Je dis ceci, je veux cela, je te retourne ton injustice, je choisis ma vie ainsi, etc...". Ces affirmations seront encore plus efficaces si elles sont proférées avec un grand calme.

"Tu sais papa, il est venu pour moi le temps de voler de mes propres ailes. Je suis une grande fille aujourd'hui, une femme. Je ne sais pas si la femme que je suis devenue t'aurait plu, mais elle me plaît à moi. L'arrêt de ta jeune vie a laissé ma mère dans une douleur sans nom et sans fin. Tu es irremplaçable pour elle et pour moi. Je t'aimerai toujours. Mais un autre amour m'attend, un autre homme. Je ne veux plus rêver de toi, mais me construire un bonheur bien réel, avec des enfants courant autour de nous. Nous avons maintenant chacun nos vies. Je sais que tu continueras à me sourire de là-haut."

d) Il est important de **passer en revue tous les événements douloureux qui ont marqué une relation.** C'est un travail pénible, mais indispensable pour bien évacuer les aspects négatifs y attachés ; comme si chaque détail contenait une petite partie de l'énergie polluante de cette relation. C'est pourquoi certaines lettres symboliques seront longues, même si les personnes annoncent au départ : "Je n'ai rien à dire" ou "tout ça c'est oublié". Mais dès qu'elles commencent à écrire et à ne plus se contrôler... elles peuvent écrire 10 ou 12 pages de souvenirs, anodins pour n'importe qui, mais tellement importants pour elles !

"...tu sais quand j'étais toute petite, j'étais abonnée au journal Pomme d'Api. Des collages

étaient proposés. Un jour, il était proposé de fabriquer des boîtes cartonnées. Je t'ai demandé, très heureuse, de m'aider, car je n'étais pas trop sûre de moi. Mais c'est toi qui a tout fait, et à l'envers en plus ! J'étais très déçue et j'ai pensé que tu étais nul. Surtout lorsque j'ai essayé de te faire comprendre et que tu t'es énervé..."

e) Enfin, il est très important de **poser dans sa lettre symbolique la nouvelle conclusion que l'on souhaite "installer" à l'intérieur de soi.** Si cela est fait, il ne sera plus nécessaire de penser à cet épisode par la suite. La transformation s'effectuera automatiquement (plus ou moins rapidement bien sûr). La lettre symbolique s'apparente à un nettoyage en profondeur.

"Aujourd'hui je te renvoie tes paroles de haine et de rejet. Je te les renvoie, je les vomis. Hors de moi ! Tu as été assez faible pour me choisir comme bouc émissaire. En brave petit soldat, j'ai pris sur mon dos tes difficultés, ton comportement de victime misérable. Je t'ai défendue. Mais aujourd'hui c'est fini. Reprends ce qui t'appartient : ta vie dure, tes efforts, ton orgueil bafoué, tes illusions perdues, tes espoirs avortés... Ce sont les tiens. Ils ne sont pas inclus dans mon héritage. Je ne suis pas un porte-manteaux auquel tu peux accrocher tes vieilles défroques."

Il en va des lettres symboliques comme des autres modes d'écriture. Leur efficacité est encore plus grande si elles peuvent être partagées, envoyées à un lecteur ou une lectrice qui leur donnera cette authenticité indispensable née du regard de l'autre.

Avant de conclure, il nous faut mentionner encore une lettre symbolique particulière, celle qui consiste à **écrire à son enfant intérieur.** Au fond, les théories développées dans cet ouvrage sur la perte de l'être réel au profit d'un être apparent ont déjà été résumées en quelques mots par Cesbron, dans cette si belle phrase à propos d'un enfant subissant une injustice : *"C'est Mozart qu'on assassine"*.

La poupée retirée des mains à Noël, la gifle injuste, la peur du père, le non-amour de la mère, etc., nous avons tous à un moment ou à un autre subi ces chocs qui ont mis en place ou accéléré le processus de destruction de notre enfant intérieur. Y a-t-il au fond d'autres blessures que celles-là ? *Tout le potentiel guérisseur de l'écriture est contenu dans cette possibilité qu'elle nous offre de nous reconnecter à ce que nous sommes au plus profond de nous-mêmes.*

Se reconnecter à notre enfant intérieur ne veut pas dire régresser, mais repartir en quelque sorte sur de bonnes bases. Ouvrir la porte toute grande à notre créativité naturelle (de notre être essentiel), et par là même nous offrir la chance de devenir un véritable adulte, capable encore de s'émerveiller devant la beauté des choses. La lettre symbolique à son enfant intérieur est particulièrement réparatrice. Plus que jamais, il est nécessaire d'écrire pour retrouver cette complicité intime avec soi-même qui est synonyme d'une vie réparée.

"Tes parents t'avaient si peu rassurée, calmée, protégée dans ton enfance, et tellement interdit, que tu avais peur de vivre. Ils t'avaient coupé les ailes avant même qu'elles ne poussent.

C'est terrible ce que j'écris là, seulement, le manque de tendresse que tu as éprouvée dans notre enfance fut terrible aussi. Tu n'as jamais été nourrie de tendresse quand tu en avais soif et faim. Ta mère n'avait pas le temps de s'attarder en câlineries. Ton père lui-même avait peur de vivre. Je ne sais si je peux rattraper ces manques insondables, mais je tiens à te dire, petite E... combien je t'aime. Ce soir je te prends sur mon cœur et je te berce, je me berce de toute ma tendresse. Ce soir aussi je t'embrasse et te caresse pour te soulager de ta solitude. Sois confiante."

Il est vrai que chacun peut s'ouvrir à une sorte de mère universelle qui réparera les manques du passé. Plus nous nous connectons à notre identité originelle, plus nous nous rapprochons de cette source bienfaitrice qui, lorsqu'elle est contactée, comble tous les manques.

Une fois encore, nous revenons à cet amour maternel tellement déterminant. S'il est vrai que les parents font souvent *ce qu'il faut,* ce n'est pas toujours par amour réel, mais par une sorte de soumission *au devoir, à la norme.* Ce n'est pas qu'ils soient incapables d'amour, mais là où il devrait régner (à l'intérieur de l'être) pour rayonner ensuite, l'espace est en quelque sorte déjà occupé. Par les préjugés, les interdits, les tabous, les devoirs, les réponses toutes faites... tout cet *ensemble technique* qui régit nos comportements au lieu que ceux-ci soient inspirés par l'Amour. On nous a tellement dit, sans forcément employer des mots : "Il faut être comme ceci ou comme cela, en telle ou telle circonstance agir comme ceci, penser comme cela, et surtout ne pas agir comme ceci, ne pas montrer tel sentiment et encore moins tel désir, etc..."

Pour chaque enfant, réceptif et crédule, tout ceci est au départ une telle vérité qu'il essaie de s'y conformer... afin d'être aimé et accepté par l'autorité en question. Et l'autorité principale (même si elle ne paraît pas autoritaire au sens caricatural du terme), c'est d'abord la mère. Elle est presque Dieu, ce qui n'est pas tout à fait faux puisque nous sortons de sa chair. En cela, elle est pour chacun de nous la Source Primordiale d'Amour. Seulement, le vrai Amour n'est pas toujours au rendez-vous. Alors nous trichons avec nous-mêmes, et par toute une gymnastique mentale, nous nous faisons croire que notre mère nous aime. Ceci explique que certains vont jusqu'à justifier des comportements parentaux aberrants et destructeurs en disant "c'était pour mon bien". *Ô tristesse de l'esclave qui devient son propre bourreau pour sauver ses illusions !*

Mais il y a des limites à tout. Parfois, le doute s'installe, sans parler de la douleur morale et affective. Le sentiment de désamour peut entraîner loin. Certaines personnes vont créer des maladies, voire des handicaps, des accidents, etc., comme pour justifier la situation, dans une sorte de punition de soi. Il se produit alors un mécanisme terrible, un raisonnement intérieur inconscient qui pourrait se résumer ainsi : "Si ma mère ne m'aime pas, c'est que je ne suis pas aimable (digne d'être aimé)" ! Imaginons-nous l'étendue des dégâts provoqués par un tel mécanisme ?

La solution consistera toujours, pour un temps, chacun à sa façon, à *tuer la mère,* à lui enlever son pouvoir quasi-divin. C'est une question de survie, une nécessité de se libérer de ce besoin que l'on a de l'amour quand celui-ci est absent. Même dans les pires des cas (où l'attitude de la mère est vraiment destructrice pour l'enfant), si - devenu adulte - il comprend avec son intelligence que sa mère est pour lui un danger, il lui arrive pourtant souvent de préférer rester victime plutôt que de tuer la source de son mal. C'est dire à quel point le besoin de la mère (et d'une relation d'amour réussie avec elle) est fondamental. Bien sûr, la mère n'a pas ce comportement parce qu'elle serait méchante par nature ou monstrueuse. Il y a toujours souffrance derrière ces faux comportements maternels, mais il ne faut pas en tenir compte ! Dans un premier temps, il est vital de s'en libérer, même si cela implique d'être relativement injuste. La réconciliation avec soi, l'amour et le respect de soi - qui sont les valeurs sacrées de la Vie - imposent ce sacrifice. Cette attitude courageuse de rupture (pouvant être essentiellement intérieure et non nécessairement extérieure) conduit progressivement à voir sa mère comme les autres êtres humains, à développer en soi l'Amour impersonnel. Et c'est avec cet amour-là qu'un jour, nous l'aimerons : en êtres libres et non en esclaves soumis à un besoin qui nous enferme.

Car dans le vide laissé par l'absence de cet amour qui enchaîne peut alors s'installer l'Amour, celui de la Vie, notre véritable mère. En d'autres termes, mourir (et l'accepter) au bonheur de l'amour maternel non reçu nous ouvre à l'Amour universel. Bien sûr, ce n'est pas aussi simple que l'évocation que nous en faisons, mais peut-être est-ce l'accès au chemin salvateur à suivre.

"Alors maintenant, je vais essayer de te parler de l'expérience que je viens de vivre. C'est tellement sacré que je souhaite prendre une page neuve. C'est "monté" pendant la semaine dernière, et "cela" a atteint son sommet d'intensité pendant 3 jours. 30, 31 décembre et 1er janvier. Il fallait que je sois seule. Je suis restée au fond de mon lit presque tout ce temps. Je sais le cheminement intérieur qui m'a menée jusque là. Je l'expliquerai plus tard. Mais un sentiment d'une telle douceur, d'une telle clarté, m'a envahie, et me remplissait de plus en plus, de plus en plus, toujours plus vaste, plus serein, plus bénéfique... Je me voyais et me perdais, et m'offrais à ce rayonnement, cette onde qui me submergeait comme une immense vague, et le seul nom que je pouvais lui donner... c'était L'AMOUR.

Jamais encore je n'avais ressenti cela, cette qualité. Moi qui n'ai jamais reçu l'amour de ma mère, j'ai été inondée d'amour maternel. C'est une vibration essentiellement féminine. Une vibration ronde, sereine et paisible, qui offre la paix du cœur, la réparation de toutes les blessures, toutes les peines. Vraiment, je voyais et sentais les bras qui m'entouraient et me serraient chaudement. Tellement de douceur et de ten-

dresse... Une Tendresse infinie, comme une vague d'Amour qui n'en finit pas d'Aimer... J'étais aux Anges, au paradis. Je ressentais physiquement, au niveau du chakra du cœur, un intense échauffement, à la limite du douloureux, tellement cette diffusion de tendresse se frayait, je crois un chemin, par cet endroit du corps. "Et la Parole se fait chair". Maintenant je suis dedans. Je suis entrée dans cette onde, dans cette vibration. Ou est-elle entrée en moi ? Ou est-ce les deux ? Je ne sais plus... C'est une Communion, une Rencontre. De l'écrire fait battre à nouveau mon cœur sourdement, et l'atmosphère change... Je ressens cette force, comme une émanation de la mère Universelle... Source d'Amour... Source unique, intarissable, inépuisable... Je sais maintenant qu'elle est là, vivante au plus profond de mon être, souveraine... Je ressens aussi très fort que la Femme est dépositaire, par nature et don de Dieu, de cette Source. Pour cela la Femme est l'instrument privilégié de Dieu, par "ontologie". Et c'est par la Femme, que la Paix pourra venir sur la Terre."

L'écriture anamnésique

Le mot anamnèse dont est tirée l'expression écriture anamnésique vient de la religion hébraïque. Il désigne les souvenirs des événements concrets. Nul besoin d'exprimer les sentiments et les idées. Utilisée en psychanalyse, l'anamnèse favorise la quête par le sujet de sa propre histoire. Il se relie à des faits, des événements, à l'aspect objectif de sa vie, sans se perdre en analyse ou interprétation. A l'opposé, l'évocation des idées, des sentiments et surtout des émotions attachés au passé nous égare dans un sorte de magma informe et complexe.

Le mot anamnèse fut également employé par Hahnemann, le père de l'homéopathie, pour désigner l'observation et l'interrogatoire objectif du *malade.* Pour bien comprendre la démarche d'écriture qui est en jeu, il convient de ne jamais perdre le sens originel du terme. L'acception littéraire du terme anamnèse a surtout été développée par Roland Barthes : *"Le sujet anamnésique se laisse simplement dériver vers des réponses erratiques de son passé, laissant les souvenirs remonter en lui sans effort. Il ne recherche pas l'effet et ne cherche pas à donner de lien aux bribes ainsi recueillies".* La définition ne pouvait être meilleure.

Ce mode d'expression est particulièrement recommandé en deux occasions :

- pour les personnes hypersensibles envahies par un passé trop lourd, et de ce fait même, totalement bloquées pour écrire ;
- pour évoquer des souvenirs si chargés d'émotions et de souffrances que c'en est insupportable.

L'aspect neutre et dépouillé de l'écriture anamnésique ne fait pas vibrer les émotions et permet en quelque sorte d'exprimer ce qui, autrement, resterait bloqué à cause de la surcharge émotionnelle qui y est attachée.

"La femme venait à ma rencontre ; je l'observais... Elle remontait, toujours du même côté, la rue de la boulangerie. Deux fois par semaine, elle marchait sur le rebord du trottoir. Seulement sur le bord, comme un

fil. Je la regardais perdre l'équilibre, invariablement, trois ou quatre fois. Ses jambes se raidissaient et elle vacillait comme autour de ses chevilles. C'est seulement après qu'elle déployait lentement le haut de son corps, en se penchant un peu en avant et un peu à gauche, comme vers ses mains, longues et maigres. On disait d'elle dans le quartier : "Elle est spéciale". Peut-être. Enfin, comme pourrait l'être un chat qui retombe toujours sur ses pattes. En fait, ce qu'ils trouvaient bizarre en elle, c'était qu'on ne lui connaissait pas d'homme. Le quartier les lui accordait tous. Moi je l'avais regardée ; ce qu'elle avait de nombreux, c'étaient ses bracelets. Un jour, elle vint s'asseoir à mes côtés. A peine était-elle assise près de moi qu'elle prit ma main dans les siennes. Elles étaient brûlantes..."

Mais l'écriture anamnésique présente aussi un autre intérêt. Par le fait même de son non investissement émotionnel dérangeant et douloureux, l'inconscient, ou le corps, ou l'intellect (allez savoir en pareilles circonstances qui est finalement le maître) ne se méfie pas. Apparaissent alors sur le papier des événements, des souvenirs *officiellement* enfouis, et qui sont pourtant indispensables à exhumer pour qu'il y ait une libération véritable.

"Lorsque j'étais enfant, mon père était si froid et si distant que je ne me souviens pas d'avoir été sur ses genoux pour me faire cajoler. Où étais-tu toi que j'ai tant cherché ?

Je me souviens d'un regard. Tu étais dans le couloir et la porte de la salle de bains était entrouverte au moment où je me lavais le visage, la tête penchée sur le lavabo. Je me relevais, et au moment où je me regardais dans le miroir, j'ai croisé ton regard qui m'observait. Il laissait transparaître de la tendresse. J'ai senti que tu réalisais que j'avais grandi. Je n'étais plus la petite fille, mais bien une jeune fille qui vivait près de toi. Tu ne m'as rien dit. Je ne t'ai rien dit."

Tout se passe comme s'il s'agissait d'une auscultation de soi-même en douceur. Ce mode d'écriture ne fait pas mal ; il crée une sorte d'insensibilisation permettant d'aller plus profond en soi. Et une fois que les choses sont dites, que les couches profondes sont atteintes, le travail de lucidité, d'évacuation, de prise de conscience, de libération, peut se faire.

"J'avais 8 ans. J'attendais sur le seuil de la porte qui donnait sur la cour. Tu es entré en me bousculant au passage. Tu es allé vers la bouteille. Et tu as bu. Un verre, deux verres, trois verres. Ta mère est entrée. Elle t'a regardé et t'a dit : "Ça suffit, arrête-toi". Toi M... , tu m'as regardé. Je tremblais. Combien de temps ce moment ? Puis tu es sorti."

Nous ajouterons enfin que l'écriture anamnésique *donne* de beaux textes, auquel le lecteur est d'autant plus sensible qu'il sent la charge émotionnelle contenue dans des phrases apparemment neutres. Il y a là une sorte d'élégance de la forme, comme une politesse. Chacun peut pratiquer cette écriture extrêmement réparatrice qui est finalement simple dans son mode d'expression, puisque dépouillée. Nous conseillons une fois encore de la partager.

"Grand-mère me dit "donne-moi ton assiette que je te serve." Mais moi, ce qui m'intéresse, ce sont les belles assiettes du vaisselier, celles dont on ne se sert jamais, au point de ne jamais en parler.

- Nadine ! Ton assiette !

- Euh... oui grand-mère.

- En as-tu assez comme ça ?

- Que disent-elles ces assiettes grand-mère, celles-là dans le meuble ?

- J'te parle Nadine ! En as-tu assez de soupe ?

- Oui grand-mère... mais, dis-moi, ces assiettes-là, qui sont-elles ?

- On dit que sont-elles, pour des choses ! Jamais je ne l'ai dit, ma petite fille, elles sont de mon fiancé mort à la guerre...

Et Mamie ne peut continuer...

- Elles sont ton fiancé, Mamie ?..."

L'écriture anamnésique nous emmène loin. Sa neutralité même semble favoriser une liaison avec notre être essentiel. Par cette écriture, nous quittons bien souvent la sphère de nos anecdotes individuelles pour atteindre un stade d'écriture universel. Il y a une transcendance du vécu particulier et une connection avec des énergies universelles harmonieuses. N'est-ce pas parler là de début de guérison... ?

"Je sentais toute sa douleur de mère qui venait de tuer la vie. Pourquoi avait-elle fait cela ? Quelle

souffrance, quelle insécurité étaient derrière cet acte sacrilège, reniement de sa féminité sacrée. Je savais qu'au bout du chemin l'attendait la lapidation.

Elle marchait fièrement vers son destin. Au malheur certain d'un enfant, elle avait préféré sa propre fin. Son ventre encore douloureux, elle marchait le regard fier vers les hommes qui de tout temps l'avaient jugée et trahie. Dans quelques instants ce serait fini. Mais ces instants-là... quelle éternité ne vaudraient-ils pas ?"

Pour pratiquer l'écriture anamnésique, il suffit de s'arrêter, quand nous feuilletons une revue par exemple, sur un visuel (dessin ou photo) qui nous plaît, qui nous interpelle, qui nous émeut.... sans chercher à comprendre pourquoi ; saisir alors la feuille et le crayon et se laisser écrire. Le travail de reconnection au passé se fera tout seul, et par là même, de libération de celui-ci.

"Je me souviens de ton regard. C'était le mien déjà. J'avais ton âge peut-être et je regardais moi aussi par l'embrasure de la porte. Regard inquiet, qui avait perdu la confiance. Derrière moi dans la pénombre, les images de ceux qui me trahissaient. Ils auraient dû être mes protecteurs. Je ne comprenais plus rien.

Pourtant le soleil était là. Parfois j'oubliais. Alors avec les copains de la rue, nous jouions comme des fous. Moi, surtout. Comme si, par les gesticulations de mon corps, j'allais pouvoir en ces instants de sport annuler les minutes et les heures d'attente, d'angoisse, de souffrance morale. La misère physique ? La pauvreté ? Que m'importait ! Ce que je voulais c'était de l'amour. Moi, j'en donnais autant que je pouvais. Ça ne servait à rien. Je les voyais se détruire, ne pas se comprendre. Se blesser.

Alors petit à petit, la joie de vivre est partie. Le soleil ne réchauffait plus rien en moi. J'aurai pu devenir cynique. Mais je n'ai pas voulu de carapace. Aujourd'hui encore, je cherche dans les regards l'authenticité qui est dans le tien. Ton regard et le mien. Deux regards, deux vies, deux souffrances. Et pour te rejoindre, les souvenirs de l'enfance."

Nous pouvons profiter de l'écriture anamnésique comme nous le ferions d'un traitement : par une pratique régulière. C'est ainsi qu'elle sera efficace. Nous bénéficierons d'abord de son intérêt esthétique et valorisant (création d'un recueil de textes originaux par exemple). Mais nous nous apercevrons surtout assez rapidement (environ deux mois pour une écriture tous les deux jours) que nous devenons plus légers, peut-être même que certains problèmes physiques disparaissent. C'est parce que, s'écrivant sur la feuille blanche, nos souvenirs les plus lourds viennent crever à la surface de notre conscience. Encore la magie des mots sur le papier...

L'écriture positive

Nous avons déjà cité cette phrase chère aux Orientaux : "*L'énergie suit la pensée*". Nous pourrions aussi parler de la technique du *comme si.* Si nous parvenons à nous imaginer, à nous visualiser dans la peau d'un vainqueur, il se produit en nous, et peut-être même autour de nous, des mécanismes qui font effectivement augmenter nos chances de victoire. Sans aucun doute, l'énergie suit la pensée, et selon son aspect positif ou négatif, nous attirons à nous une réalité plus ou moins agréable à vivre. Cette théorie est maintenant bien connue avec la vulgarisation de ce que l'on appelle la pensée positive. Son application est renforcée par l'utilisation de l'écriture. Pour que l'énergie suive la pensée, il convient que celle-ci soit précise et concentrée, deux qualités que l'écriture peut favoriser.

"Je vais enfin m'accorder du plaisir et ne plus me conformer aux désirs des autres. Etre vraie avec moi. Je ne laisserai plus personne penser à ma place."

Mais suffit-il d'affirmer les choses pour qu'elles arrivent ? Pour avoir l'impact attendu, l'écriture positive exige qu'il n'y ait pas de tricherie. Toute demande ou déclaration écrite doit être précédée d'un travail sur soi qui rend cette demande réaliste. Tout comme la pensée positive dont elle n'est au fond qu'un support concret, l'écriture positive ne fait pas de miracle. Elle favorise seulement l'arrivée d'une nouvelle réalité quand nous nous y sommes préparés. Et c'est déjà beaucoup !

Comme mentionné précédemment, la précision et la concentration sont nécessaires à cette écriture. Nous devrons être très rigoureux dans le choix des mots destinés à exprimer notre pensée ou notre souhait. En même temps, cette recherche du mot juste contribuera à affiner notre pensée, et par là même, à la rendre encore plus performante. Si nous écrivons : "Je veux qu'à partir de maintenant, tout aille mieux pour moi", il est probable qu'il ne se passera rien de particulièrement heureux pour nous. Ce tout est vague, trop vague ! Notre subconscient ne sait pas interpréter une telle demande. Soyons plus précis et... plus modestes.

"A partir de ce jour, le 3 avril 19.., moi, Monsieur X., déclare que je ne rougirai plus quand je devrai intervenir en réunion."

Bien entendu, une telle affirmation suppose que nous ne doutions pas de la réalité possible du changement. C'est la raison pour laquelle il est indispensable de se préparer au succès, non seulement en l'attendant, mais en le construisant. Par exemple, en se renseignant sur le mécanisme physique provoquant le rougissement, en comprenant à quelle peur éventuelle il renvoie, en apprenant à maîtriser la respiration, etc. Ce sont tous ces efforts concrets qui vont créer cette sorte de certitude du changement heureux que l'écriture vient officialiser et déclencher.

Sans ce travail objectif, rien ne se passera. *L'écriture positive nous relie en effet à notre vérité, et c'est en harmonie avec ce que nous sommes réellement que son pouvoir agit.* Si notre demande est stupide par rapport à notre stade d'évolution ou par rapport à nos véritables possibilités, l'être réel nous enverra le doute qui empêchera la pensée de devenir réalité. Il s'agit donc de se méfier de soi-même, c'est-à-dire de l'être apparent qui voudrait bien résoudre, d'un simple coup d'écriture magique, ses difficultés. Non seulement le résultat espéré ne viendra pas, mais cette démarche irresponsable nous perturberait parce qu'elle contredirait les véritables besoins de l'être réel et de l'être essentiel. D'où conflit intérieur supplémentaire.

Interrogeons-nous donc toujours *en conscience* avant de rédiger un texte procédant de l'écriture positive. Nous porterons ensuite ce texte sur nous, créant par le lien physique une relation forte entre le pouvoir des mots et notre subconscient. C'est ainsi que les auteurs des textes suivants ont procédé : il s'agit d'un exercice de la Thérapie par l'Ecriture destiné à favoriser l'acquisition d'un état d'esprit d'indépendance. Ces textes s'intitulent d'ailleurs "Déclaration d'indépendance".

"Moi C.L., j'affirme ma force dans mon originalité, ma liberté dans mes différentes formes d'expression artistique, mon calme intérieur dans ma confiance en ce qui me guide. J'affirme mon art de danser comme un sourire de connivence avec l'univers et son créateur. Je veux transmettre cet art afin que chacun se dévoile à lui-même pour son bonheur et celui de tous. Je vais entendre mon intuition pour me diriger vers ce qui me convient et me fait du bien au sens de l'accord entre ma vie individuelle et l'évolution nécessaire de l'humain."

"Moi S.D., affirme qu'à partir de ce jour je suis libre, libre avec ma tête, mon corps, mon cœur. Je suis libre de travailler avec ma tête et mes dix doigts, de

toucher des corps, de dire mon ressenti. Je suis libre de dire aux gens que je les aime. Je suis libre d'être candide et optimiste. Je dispose de moi-même dans tous les domaines, finis et infinis. Je suis libre de me laisser aller à l'amour, la douceur, les larmes, les rires et la colère, car c'est ainsi que je me respecte. Je suis confiante et sûre de moi. Je suis entendue."

"Moi P.B., déclare vouloir travailler pour affirmer ma personnalité, ne plus me laisser abaisser par les autres, famille ou collègues. Je déclare vouloir me sentir libre tout en vivant à deux. Je déclare que je me manifesterai chaque fois que ma femme me coupera la parole. Je déclare vouloir trouver un vrai sommeil, ne plus me lever fatigué et faire ainsi disparaître mes problèmes de santé. Je me relie aux grandes énergies cosmiques qui vont rétablir équilibre et harmonie en moi."

Nous pouvons tous, avec le plus grand profit, rédiger de tels textes. Le maniement régulier de pensées positives, associé au pouvoir de l'écriture, contribuera à nous faire évoluer de manière heureuse. En cherchant ainsi à nous rapprocher de notre être réel, nous nous donnons toutes les chances de rétablir en nous cette bonne circulation énergétique qui préside à tout état de bien-être. Il est à noter que l'écriture positive peut aussi bien suivre que précéder cette démarche concrète d'épanouissement personnel, la renforçant ou la déclenchant. Elle peut être associée à d'autres initiatives.

"Les matins où je me sens un peu "fragile", peu sure de moi, je me parfume plus masculin. Je choisis un parfum soutenu, aux senteurs boisées, poivrées. Cela me fait beaucoup d'effet. Ce jour-là, pas la peine de me parler d'amour romantique. C'est le garçon manqué qui tient les rênes de mon comportement. Mes paroles, mes idées, mon désir seront empreints de masculinité, de brutalité parfois.

Il y a aussi les matins où j'ai envie de savourer encore un peu la tiédeur de mon lit, d'écouter la "Fête sauvage". Après la douche, je me passe une huile parfumée, que je commence par humer... Si ce jour est jour du cœur, tout passera par lui, je m'enrichirais d'émotions, le désir m'envahira par vagues, tout sera sensualité, volupté, mes gestes, mon regard...

Les huiles précieuses me nourrissent corps et âme. Elles sont de fabuleuses alliées pour soigner, apaiser, parfumer, vous transporter dans des contrées lointaines. Elles éclaircissent la pensée. Délicates à offrir, à toucher, sachant traduire sans mots toute la finesse de la pensée qui l'accompagne. S'offrant entièrement au corps qui les reçoit, faisant don d'elles-mêmes pour grandir l'autre. Quand je les utilise, c'est la vie que je ressens. Je ne peux qu'être infiniment respectueuse et les remercier."

L'écriture primitive

Ce mode d'écriture se pratique en fin de Thérapie par l'Ecriture, à partir d'une procédure particulière visant à choisir cinq mots dans cinq séries de mots-clés. La procédure recommandée permet de sortir du *hasard* et de considérer que la personne a bel et bien une relation privilégiée avec les mots choisis. C'est d'ailleurs assez étonnant de voir à quel point le hasard fait bien les choses. En tout cas, il y a toujours l'inspiration. Ces cinq mots deviennent en effet pour la personne des mots de pouvoir : c'est-à-dire qu'ils détiennent en eux la clé explicative (partielle) de son passé et de son avenir. Les séries de mots sont les suivantes :

TERRE - AIR - EAU - FEU
PERE - MERE - FRERE - SŒUR
CORPS - EMOTION - CŒUR - ESPRIT
SOUMISSION - SEXE - AMOUR - AUTORITE
DIEU - VIE - ENFANT - GUIDE

Si nous désirons pratiquer l'écriture primitive, nous devons procéder comme suit :

1 - Préparer des papiers correspondants au mots des séries, et après un temps de concentration et d'apaisement intérieur, tirer au sort un mot de chaque série.
2 - Porter sur soi pendant au moins quelques heures (voire quelques jours) les cinq mots "choisis". Laisser naître en nous une histoire à partir de ces mots.
3 - Lorsque l'on se sent prêt à écrire, se mettre en situation de le faire en étant certain de ne pas être dérangé pendant au moins une heure.

4 - Se laisser écrire sans chercher à comprendre ce qui s'écrit, sans analyser, sans juger, même s'il y a incohérence apparente.
5 - Reprendre le texte non pour le transformer, mais pour en améliorer l'expression et le style. Méditer sur le texte écrit.

De nouvelles histoires, toujours à partir des mêmes mots, peuvent naître les jours suivants. Bien entendu, nous ne nous priverons pas de transcrire ces nouvelles inspirations. Volontairement, nous n'avons pas commenté les exemples de textes écrits ainsi en écriture primitive, offrant à chaque lecteur le soin de laisser parler son intuition. Nous donnerons pour chaque exemple les mots *choisis.*

Exemple 1 : sœur, air, corps, amour, guide

"Tout a commencé il y a fort longtemps. J'étais dans un camp, soldat du roi. C'était le temps où les femmes prenaient arme. J'étais la sœur, celle qui apaise les souffrances, qui console des douleurs.

Je suis, je suis l'air que tu respires. Je suis celui qui alimente ton corps. Je te purifie, j'enlève tout ce qui ne va pas en toi. Je passe par ton nez, ressors par ta bouche. Je t'embrasse, te rafraîchis ou te réchauffe. Je suis, je suis l'air que tu respires.

Etre ou ne pas être, telle est la question. Etre le corps qui souffre par le froid, qui se courbe pour labourer la terre, qui saute, qui danse, qui est heureux de vivre. Le corps qui aime la caresse du vent sur lui, la chaleur du soleil, qui se tient debout et qui marche, qui assis, regarde le temps passer, et qui couché, a du plaisir dans la fraîcheur des draps, qui aime les caresses de mains douces et chaudes, qui aime les baisers. Je suis le corps, le tien. Amour de tout, du soleil, du vent, des oiseaux, des étoiles, des animaux, des hommes. Amour qui rayonne, qui donne, qui reçoit. Amour soleil levant, lieu de résidence de Dieu, générateur de l'Univers, créateur du monde visible, non réalité dans l'éternité. Amour soleil levant, sois le point du monde qui conduit, nourrit, donne, achève, réconcilie. Amour soleil levant, lève-toi, va dans le monde porter tes messages d'amour unificateur, planificateur, réconciliateur. Amour soleil levant, sois et va.

Le guide, celui qui voit dans les ténèbres profondes du cœur, celui qui conduit, celui qui aide, comprend, bouscule, donne un coup de pieds aux fesses, qui t'aime, qui t'ouvre les portes de l'Espoir, celui qui est devant, qui montre le chemin, celui qu'un jour tu devras être."

Exemple 2 : frère, eau, corps, autorité, enfant

"C'est une forêt magnifique, avec de grands arbres, des fleurs partout, un tapis de mousse, des arbustes, des haies. Des oiseaux chantent, le soleil filtre à travers le feuillage. Il fait beau, il fait bon, l'air est parfumé de senteurs de fleurs, de fraises de bois et de framboises sauvages. Ca sent la forêt, une odeur à nulle autre pareille, le plus beau de tous les parfums. Je me promène dans cette forêt, à cheval, accompagnée par mon frère, qui n'est autre que mon ange gardien. Il me protège, dans cette forêt. Avec lui rien ne peut m'arriver. Nous cheminons tranquillement, en silence. Les mots sont inutiles. Nous écoutons les bruits de la forêt. Nous débouchons sur une

petite clairière où se trouve un lac. L'eau est douce, chaude, agréable. A la claire fontaine... Qu'elle est bonne cette eau limpide, si agréable sur mon corps, sur ma peau. Je m'y sens libre, je flotte, j'avance, mon corps est comme en apesanteur. En sortant de l'eau je m'allonge sur une pierre chauffée au soleil. Je sais que je n'ai rien à craindre car j'ai autorité et pouvoir sur les choses, les animaux et les hommes. Ma petite promenade en compagnie de mon ange gardien se poursuit et nous arrivons dans un jardin imaginaire où il n'y a que des enfants et des animaux, rires, chants et danses. Les animaux sont tous doux et gentils. Il n'y a ni violence, ni guerre, ni jalousie, ni haine. Il n'y a que l'amour. Chaque enfant est responsable d'un petit troupeau d'animaux ; il est un petit berger. Et comme eux, je prends la responsabilité d'un petit troupeau d'animaux."

Exemple 3 : père, feu, esprit, autorité, vie

"Mon Dieu, Père bien-aimé, source de tout Amour, par ton Autorité suprême je fus créée telle que je suis, en devenir : une étincelle parmi les innombrables de ton Feu de lumière, une incarnation temporaire parmi les incalculables de ton Esprit illimité, une expression individuelle parmi les multiples à l'infini de ta Vie éternelle, une et unique, appelée à m'unir aux innombrables, incalculables et multiples facettes de toi, afin d'être en devenir UN en toi..."

Exemple 4 : sœur, feu, émotion, soumission, vie

"Sœur, bonne sœur a du cœur. Sœur de ma sœur, je suis ta sœur. Sœur de l'humanité sans peur. Que ma sœur aille sans peur ! Ma sœur, pauvre sœur, mais

aussi sœur des pauvres à sa manière, je t'aime. Ton feu est-il feu détourné, feu mal tourné ? On ne sait pas pourquoi. Leçons quotidiennes à qui se sent trop sûr de cette humanité non encore accomplie ? Leçons quotidiennes à qui se sentirait suffisant dans son vide intérieur du manque de Dieu ?

Feu-Soleil retourne-toi et regarde-la et transforme-la et remplis-la, rechauffe-la sans la brûler cette fois. Regarde comme elle souffre et souffre de sa soumission aux émotions. Peur de tout, et d'elle et des autres et de tout ce qui se passe en elle et qu'elle ne comprend pas, et qui la tourmente tel un enfer, enfermement (enferma = malade en espagnol). Regarde comme elle voudrait être belle et bonne et juste. Regarde ses efforts de générosité. Elle ne sait seulement pas comment s'y prendre, comment commencer, comment être. Feu généreux et permanent, brûle les scories seules et éveille-la à la vraie vie, vie du dedans et de l'au-delà qui se rejoignent pour lui permettre une vie meilleure ici-bas. Amen."

Exemple 5 : frère, air, cœur, sexe, vie

"Je vogue dans l'air, libre. Libre dans mon cœur, dans ma tête, dans mon esprit. Je vole dans cet air infini. Je respire dans cet espace immense, je ne me sens plus étouffée. Au contraire, je me sens légère, légère. Je me sens libre. J'écoute mon cœur battre. Je me laisse guider et bercer par ses battements. Et je vole, je vole... Je regarde en moi et autour de moi. Je me sens si bien. Toi, tu es là tout près. Je te sens mon frère. Je ressens ce qui se passe en toi et m'aperçois qu'il t'arrive la même chose qu'à moi.

Tu es bien. Je te rejoins. Je t'observe et je te découvre. Tu m'observes et tu me découvres. Nous nous découvrons et nos deux cœurs battent à l'unisson. Tu me guides dans mon voyage interne. Je te guide dans ton voyage interne. Je veux pénétrer ton espace tout comme toi tu souhaites pénétrer le mien. Et je sens ton sexe en moi, je le guide...

Désormais nous ne formons plus qu'un et nous sommes si bien. Je t'inspire et tu m'inspires. Tu me respires et je te respire. Oh mon Dieu comme nous sommes bien. C'est bien plus qu'un amour physique

Nous avons dépassé cela. Et c'est tellement plus fort que cela et ô combien merveilleux. Je suis à la fois ta Fille, Ta Mère, ton Amie, ta Maîtresse. Et toi, tu es tout à la fois, mon Fils, mon Père, mon Ami, mon Amant. Je t'aime, je m'aime. Tu t'aimes, tu m'aimes.

C'est si merveilleux de voyager à deux dans cet espace infini qu'est la Vie."

Conclusion

L'écriture comme chemin de vie

Tout au long de cet ouvrage, nous avons tenté de montrer pourquoi et comment l'écriture pouvait s'avérer un puissant moyen de guérison, étant entendu que ce terme implique une harmonisation de nos énergies naturelles.

Après une phase difficile de prise de conscience et de libération de nos systèmes de valeurs qui signe la fin de notre être apparent, l'écriture nous reconnecte à notre être réel. Encore faut-il accepter de nous laisser guider par notre imaginaire, par cette écriture qui ne se contente plus de nous suivre, mais nous précède. L'écriture nous révèle alors à nous-mêmes. Elle nous conduit sur le chemin à la fois le plus simple et le plus complexe, celui de la réalisation de soi.

Pour parcourir cet étroit sentier, il nous faudra écrire beaucoup. Il n'est jamais trop tard, ni trop tôt, pour se mettre en route vers soi-même. A condition que dès aujourd'hui, nous nous accordions le droit d'écrire. Nous sommes tellement créateur de nos chaînes. Qui sait si écrire pour nous libérer, nous faire plaisir, nous parler tout simplement, ne nous semble pas être une faute ? Ne serait-ce qu'en raison de nos limitations techniques. Nous sommes tellement dépendants de notre passage à l'école ; tant de personnes ne s'autorisent pas à écrire parce qu'elles ne sont pas assurées d'écrire *bien.* Mais qu'est-ce qu'écrire bien ? *L'écriture n'est-elle pas aussi un chemin d'humilité... ?*

L'une des récompenses de notre activité professionnelle est de rencontrer régulièrement de beaux textes, écrits par des personnes qui n'avaient pas - à priori - compétence pour les écrire. Elles-mêmes ignoraient qu'elles pouvaient les écrire. Mais croyez-vous que les sculptures africaines, aujourd'hui tant prisées, ont été créées par des artistes sortis des Beaux-Arts ? C'est l'art qui est sorti d'eux. Car l'art est partout, et d'abord en nous. Si nous nous ouvrons, nous savons tous écrire.

"Le Taï Chi Chuan nous invite à une reconnaissance de nous-mêmes par une découverte de notre propre corps. Au début, celui-ci nous paraît comme un bloc de glaise grossier. On commence par sentir une jambe ou un bras. C'est le début du travail. Mais on se sent maladroit, déséquilibré. Alors un autre endroit du corps va prendre vie : le dos,

l'autre jambe, l'autre bras... Petit à petit, on sent naître des parties nouvelles qui s'affinent, prennent des formes, deviennent vivantes.

Dans un premier temps, chaque partie veut vivre indifféremment, désordonnée, désaccordée avec le reste. Elle veut toute la place. Peu à peu, elle découvre que cette anarchie ne la comble pas. Alors, elle se soucie d'une autre partie. Elles entrent en relation, vibrent en harmonie. Toutes deux s'accordent. Mais bientôt, cette relation trop étroite ne leur suffit plus. Elles ont besoin de s'enrichir, de s'intégrer à des groupes.

Progressivement, le chaos s'harmonise. Tout ce qui était dispersé, toutes ces forces qui tiraient chacune de son côté, commencent à tenir compte du tout. Quand il y a ce début d'union, quand un groupe s'accorde à un autre, quand les corps bougent ensemble, en union, alors naît un sentiment de bien-être, d'unité, de joie. Ce n'est plus le mouvement du bras seul qui compte, mais que ce mouvement s'inscrive dans un ensemble, au juste moment, à sa juste place... Du bloc de glaise initial, le Taï Chi Chuan a su créer un nouvel être, plus beau, plus fort, plus unifié..."

Notre écriture peut bien entendu comporter ici et là des erreurs de syntaxe, des fautes d'orthographe, des incorrections. Est-ce si important ? Nous n'allons pas prendre la voiture seulement pour respecter le code de la route, même si nous en reconnaissons l'utilité. Ce n'est pas lui qui nous apprendra à négocier un virage, à en épouser parfaitement la courbe, à en sentir la déclivité. Nous n'écrivons pas pour illustrer un précis de grammaire, mais pour nous dire, nous connaître, nous révéler, communiquer. Pour nous rejoindre et rejoindre l'autre, le code est le moyen ; il n'est pas une fin. Et qu'importe que la forme soit correcte ou non quand nous lisons ce cri étouffé : *"Sur les bancs de l'école communale, vers sept ans, mains au dos comme de coutume à cette époque, chaque doigt de mes mains était danseur et évoluait dans les plis de ma blouse ou dans les barreaux du banc"*.

Oui, chacun peut écrire s'il se laisse aller à être vrai et authentique. Alors les mots lui viennent comme par magie, les phrases seront belles et leur sens sera profond, individuel et universel. Écrire pour se dire, se dépasser, s'étonner. Savait-elle tout ce que contenait son superbe cri : *"Mes seins étaient des monts sur lesquels couraient des hordes sauvages"* ?

Écrire, c'est vivre, partager, renaître. Tout est possible avec l'écriture. Réparer le passé, inventer l'avenir, construire le présent. Écrire, écrire, écrire encore et toujours, comme une respiration, comme un souffle, une exhalaison, une poussée de la vie en soi. Ensuite, ce n'est plus qu'une question de confiance. Laissons faire la Vie, laissons-la recréer en nous l'harmonie. Laissons-la nous guérir.

En introduction à cet ouvrage, nous évoquions le livre écrit par la jeune Noa Rabin, *Au nom du chagrin et de l'espoir*. Au terme de notre lecture, c'est bien l'espoir que l'écriture fait naître en nous, comme le dit si fortement ce dernier témoignage, dernier symbole de notre pouvoir d'auto-guérison contenu dans la parole libérée.

"L'écriture est forcément thérapeutique, forcément libératoire. Alors je veux écrire, écrire. Écrire pour exister, ne plus être bloquée par mes peurs, ne plus me rendre malade par crainte de ce que les autres pensent de moi. Je veux écrire pour penser autrement, ne plus me dire que je ne vaux rien, que je suis trop ceci et pas assez cela. Pour ne plus avoir mal au foie, avoir mes règles, dénouer mon plexus. Écrire pour me déployer, pour apprécier et jouir de ma musique intérieure. Pour rire et pleurer, sur le papier d'abord et dans ma vie ensuite. Pour que mon corps soit un et pas éclaté en dix morceaux. Je veux écrire pour expulser la boule qui est dans ma gorge, prendre mes décisions en toute liberté, ne plus me sentir prise au piège avec un couperet au dessus de la tête, coupable de tout et de rien, pour briser la glace et découvrir mon miroir, ne plus jouer à cache-cache avec moi-même, avec les autres. Je veux écrire pour guérir de mon passé, pour que les mots ne me fassent plus mal, pour libérer ma fille de moi, me sentir bouger, me réveiller, être délivrée enfin de mes sept péchés capitaux... Je veux écrire pour revivre."

Les personnes intéressées par le travail de l'auteur (stages ou travail par correspondance) peuvent lui écrire à l'adresse suivante :

J.Y. Revault
2, Parvis Notre-Dame
79000 Niort

Achevé d'imprimer en août 1998
sur les presses de la Nouvelle Imprimerie Laballery
58500 Clamecy
Dépôt légal : août 1998
Numéro d'impression : 807040

Imprimé en France